Sur les traces de...

ULYSSE

raconté par Marie-Thérèse Davidson
illustré par Philippe Poirier

GALLIMARD JEUNESSE

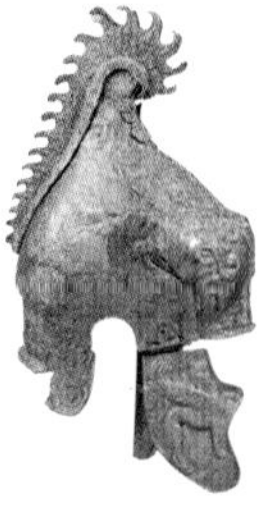

Sur les traces de... ULYSSE

Espoirs et désespoir

Bien loin, au nombril de la mer, il est une île, sauvage et riante. C'est l'île d'Ogygie, domaine de la déesse Calypso, la secrète. Assise à l'entrée de sa caverne, elle tisse une fine toile en chantant, et son chant s'enroule à celui des oiseaux, qui peuplent les arbres pleins d'odeurs enivrantes. Elle a l'air heureuse, la déesse aux belles tresses. C'est qu'elle est amoureuse, et son amant n'est pas loin.

À l'autre bout de l'île, assis face à la mer violette, la tête entre les mains, le noble Ulysse pleure à gros sanglots. Il pense à sa fidèle épouse Pénélope, qui doit l'attendre là-bas, dans l'île d'Ithaque. Il pense aussi à son fils Télémaque, qui était tout bébé quand il est parti combattre devant **Troie**, et qui doit être un jeune homme maintenant. Il voudrait tant les revoir !

Troie : ville d'Asie. Ulysse, comme tous les rois grecs, est parti faire la guerre contre Troie, car une reine grecque, Hélène, avait été enlevée par un prince troyen, Pâris. Les Grecs ont mis dix ans avant de pénétrer dans la ville et la détruire.

Très loin de là, au sommet du mont Olympe, les bienheureux Immortels sont réunis devant le palais de leur roi, Zeus, maître des nuées. Ils sont tous là, sauf Poséidon, le dieu qui fait trembler la terre. C'est lui le pire ennemi d'Ulysse aux mille ruses, car un jour celui-ci a cruellement blessé son fils Polyphème. Mais aujourd'hui qu'il est parti festoyer chez les Éthiopiens, Athéna aux yeux de chouette intervient pour venir en aide à Ulysse, son protégé.

– Zeus, fils de Cronos, et vous autres tous les dieux, comment acceptez-vous une telle injustice ? Tous les rois qui ont combattu sous Troie – tous ceux qui ne sont pas morts – sont rentrés depuis longtemps dans leurs foyers, auprès de leur épouse chérie. Et le **pieux** Ulysse, qui vous a fait jadis tant de beaux sacrifices, vous le laissez pleurer dans la prison dorée de Calypso ? Pourtant, depuis presque vingt ans qu'il est parti, il serait grand temps qu'il revienne : sa fidèle épouse Pénélope est assiégée par des prétendants qui veulent l'épouser. Ils ne bougent pas de son palais et dévorent ses troupeaux. Certains même rêvent d'assassiner son fils Télémaque. N'avez-vous donc aucune pitié, aucune justice ?

Pieux : est pieux celui qui respecte les dieux.
Phéaciens : peuple imaginaire.

La déesse aux yeux de chouette et tous les Bienheureux guettent la réponse de Zeus.

– Athéna, ma fille, ne te fâche pas. Tu as raison, et le destin d'Ulysse, le noble fils de Laërte, est bien de rentrer chez lui. Mais auparavant, il lui faudra aborder au rivage des **Phéaciens**. Hermès, le messager aux pieds ailés, va sans attendre trouver Calypso, au nombril de la mer, pour l'inviter à offrir à Ulysse un bateau et son retour.

Satisfaite de cette réponse, Athéna aux yeux de chouette saisit sa bonne **javeline** et s'élance vers Ithaque porter conseil et protection à Télémaque, le fils du sage Ulysse.

Javeline : arme de jet, plus fine qu'une lance.

Hermès, lui, chaussé de ses sandales ailées, fend les airs et les flots. Il a tôt fait de trouver l'île d'Ogygie. Il se présente à Calypso, et lui rapporte les paroles de Zeus, fils de Cronos. Un noir chagrin saisit le cœur de la déesse, qui laisse éclater sa rancune :

– De quoi donc êtes-vous jaloux, dieux de l'Olympe ? Vous avez les cieux et la terre, la mer et ses profondeurs ; moi, je ne voulais que mon île et l'amour de cet homme. Est-ce trop pour vous ? Une déesse n'a-t-elle pas le droit d'aimer un mortel ? C'est pourtant moi qui l'ai recueilli, à bout de forces, après le naufrage qui l'avait privé de ses derniers compagnons... Allons, je vois bien que mon discours est inutile. Soit, j'offrirai à Ulysse non pas un bateau aux bonnes rames – car je n'en ai pas, puisque je vis à l'écart de tous – mais de quoi se construire un solide radeau qui le portera sur le gouffre salé.

– Divine Calypso, répond Hermès, je comprends ton chagrin, mais tel est le destin d'Ulysse. Et nul, ni homme ni dieu, ne peut aller contre.

Après le départ du messager de Zeus, la déesse aux belles tresses se ressaisit et rejoint le fils de Laërte sur la grève.

– Noble Ulysse, j'aurais tant aimé te garder près de moi

et te faire don de l'immortalité. Mais puisque, après tant d'années, tu soupires toujours après ton retour, eh bien soit ! Je vais t'offrir de quoi te construire un solide radeau, qui te portera jusqu'à la terre des Phéaciens : eux seuls ont le pouvoir de te donner ton retour. Tu dois pourtant savoir que tu n'es pas au bout de tes peines. Tu souffriras bien des maux avant d'atteindre Ithaque et même après y être arrivé.

Mais rien désormais ne peut arrêter Ulysse. Son cœur se gonfle de joie à la pensée de son départ.

Dès le lendemain, il entreprend la construction d'un solide radeau formé de vingt troncs d'arbres liés ensemble, d'un haut mât portant la voile et d'un puissant

gouvernail. En quatre jours il l'a achevé. Et le cinquième, la déesse, après avoir chargé son radeau de provisions et de cadeaux, lui lance un bon vent tiède. Ulysse met la voile : il est parti !

Gardant l'œil sur les étoiles, il navigue sans encombre pendant dix-sept jours. Le dix-huitième, il voit émerger de la brume la terre des Phéaciens.

C'est alors que surgit Poséidon sur son char, de retour de son banquet chez les Éthiopiens. Il aperçoit le radeau ! Furieux de voir Ulysse si près du but, il saisit son trident et en frappe la mer. Aussitôt celle-ci se déchaîne, les vagues se dressent, écumantes. Au-dessus il assemble les sombres nuées : il fait maintenant nuit noire. Enfin il excite

les vents en bourrasque : **Euros** et **Notos**, **Zéphyr** et **Borée** soufflent et mugissent à l'envi.

Euros, Notos, Zéphyr et Borée : noms des vents d'est, du sud, d'ouest et du nord.

Sur son radeau, Ulysse tremble de tous ses membres, ses genoux se dérobent sous lui et le cœur lui manque. Agrippé au gouvernail, il pleure et se lamente :

– Malheureux que je suis ! Les avertissements de Calypso étaient donc fondés ! Ah, si seulement j'étais mort en combattant sous Troie ! Au moins aurais-je eu funérailles et honneurs ! Mais là, c'est une mort sans gloire qui va me prendre, loin de tous les humains.

À cet instant, une énorme vague s'abat sur le radeau, arrache Ulysse du gouvernail et l'entraîne dans le gouffre salé. Les vents brisent le mât, la voile tombe à la mer. Ulysse est submergé par les flots. Poséidon, satisfait, fouette ses chevaux et s'éloigne sur son char.

Mais le vaillant héros reparaît à la surface, recrache l'onde amère, reprend sa respiration. Malgré sa fatigue, il se lance à la poursuite du radeau et réussit à y grimper. Toutefois, secoué par les vents et par les vagues, il sent sa dernière heure arrivée.

C'est alors qu'une **nymphe** marine, la déesse Ino, le voit et prend pitié de lui. Sous l'aspect d'une mouette, elle se pose à ses côtés :

Nymphe : déesse mineure (de peu d'importance).

– Infortuné, il te hait donc si fort, le dieu qui fait trembler la terre ? Allons, suis mon conseil :

défais-toi des vêtements qui t'alourdissent, abandonne le radeau et nage de toutes tes forces jusqu'à la terre des Phéaciens. C'est là que t'envoie ton destin. Prends ce voile immortel, il te portera sur l'étendue salée. Mais une fois arrivé, rejette-le au loin dans les flots.

Puis la mouette s'envole et plonge dans l'onde amère.

Le prudent Ulysse hésite, redoutant quelque piège. Mais une nouvelle vague encore plus haute le décide. Il suit les conseils de la déesse et se jette à l'eau. Soutenu par le voile, il nage, nage, longtemps, de toutes ses forces. Il se rapproche enfin de la côte... Mais ce ne sont qu'écueils contre lesquels se fracassent les vagues hurlantes ! Il lui faut encore suivre le rivage dans l'espoir de trouver une anse ou une plage. Exténué, il arrive enfin à l'embouchure d'un fleuve. Aussitôt il lui adresse une prière, pour qu'il retienne ses eaux et le laisse aborder. Le dieu fleuve l'entend, suspend son cours et amène Ulysse au-delà des remous. Le vaillant héros se laisse enfin aller et s'évanouit. Il gît sur la rive, blessé, ruisselant, à bout de forces.

Quand il a retrouvé son souffle et sa conscience, il dénoue le voile de la nymphe et le lâche dans le fleuve. Puis, après avoir baisé la terre donneuse de blé, il examine les alentours. Il cherche un abri sûr, qui le protégera du froid et des bêtes sauvages : il n'est pas encore sauvé ! Il se décide pour un bosquet tout proche. Deux arbres ont poussé là, touffus et si serrés l'un contre l'autre que ni soleil ni pluie ne peuvent passer. En dessous, les feuilles sont assez nombreuses pour recouvrir plusieurs hommes. Ulysse, heureux, s'allonge sur cette couche moelleuse, et ramène sur lui des brassées de feuillage. Alors Athéna verse sur ses yeux le doux sommeil.

LES PRINCIPAUX DIEUX GRECS sont les Olympiens. Mais ce ne sont pas les seuls : la nature entière est peuplée de dieux. Même les sentiments humains sont inspirés par eux.

Athéna : déesse de la raison
Fille de Zeus, Athéna sort tout armée de la tête de son père. Elle est la déesse de la guerre et de la raison. Lors de la guerre de Troie, elle prend le parti des Grecs et protège plusieurs héros, dont Ulysse, son préféré.

La chouette, animal-emblème d'Athéna

Athéna

Zeus

“Au sommet du mont Olympe, les bienheureux Immortels sont réunis devant le palais de Zeus.”

Zeus : roi des dieux de l’Olympe
Dieu du ciel, on le représente souvent tenant en main la foudre, prêt à la lancer sur le méchant qu’il veut punir.
Il est le garant de la justice des hommes, protecteur de l’hôte, mendiant ou étranger. Il est frère ou père des autres Olympiens.

Le mont Olympe
Les Olympiens vivent sur les hauteurs inaccessibles et enneigées du mont Olympe.

Poséidon
Frère de Zeus, il règne sur les mers, assisté de nombreuses autres divinités. C’est un dieu redoutable : armé de son trident, il peut provoquer tempêtes et raz-de-marée.

Hermès
Fils de Zeus et de Maia, c’est un dieu juvénile (donc sans barbe). De petites ailes à ses sandales l’aident à fendre les airs. C’est qu’il est le messager de Zeus. Il est aussi le dieu des voyageurs, des commerçants… et des voleurs ! C’est lui enfin qui accompagne les âmes des morts jusqu’aux Enfers.

Le mont Olympe

Poséidon

Hermès

Sauvé par une princesse

Pendant qu'Ulysse dort, Athéna se hâte vers la cité des Phéaciens. Arrivée au palais, elle gagne la chambre de Nausicaa, la fille du roi, le sage Alcinoos. La princesse repose parmi ses servantes et sa grâce illumine la chambre. Sous la forme d'une de ses amies, la déesse se présente à elle en songe :

– Nausicaa, à quoi penses-tu ? Tu négliges les vêtements brodés et les riches étoffes de la maison. Pourtant, il n'est pas loin, le jour de tes noces. Il te faudra porter les plus beaux habits et en fournir à ton cortège. Qu'attends-tu donc pour aller au fleuve laver tuniques, voiles et ceintures ? Dès ton réveil, demande à ton père mules et chariot pour porter au lavoir le linge souillé. Ne tarde pas !

Puis la sage déesse s'envole vers l'Olympe. Quand survient l'Aurore aux doigts de rose, Nausicaa s'éveille, toute surprise de son rêve. Sans attendre, elle se rend chez le roi son père :

– Papa, ne pourrais-tu me faire préparer un chariot et des mules pour aller au fleuve ? Tous les riches habits, toutes les belles étoffes brodées sont sales et maculés. Tu ne peux, toi, siéger au conseil ainsi vêtu. Et mes cinq frères, comment vont-ils s'habiller pour danser ? Il faut bien que j'aille laver tout ce linge !

Elle n'a pas osé parler de ses noces à son père, la jeune princesse, elle en aurait rougi. Mais lui a aussitôt compris, et, souriant, lui accorde tout ce qu'elle a demandé.

Bientôt, les mules sont harnachées et attelées. Nausicaa a chargé le linge précieux. Ses servantes la suivront. Sa mère apporte un panier plein de provisions et

une **fiole** d'or remplie d'huile : les jeunes filles s'en frotteront le corps après le bain. La princesse monte sur le chariot, saisit les rênes. Le fouet claque, les mules prennent le trot, leurs sabots résonnent : les voilà parties !

Fiole : c'est un petit flacon ou une petite bouteille.

La rive du fleuve se creuse de nombreux trous d'eau qui forment de parfaits lavoirs. C'est là que s'arrêtent les jeunes filles. Après avoir dételé les mules qui s'en vont paître l'herbe tendre, elles s'emparent du linge, le portent aux lavoirs et le foulent longtemps aux pieds dans l'eau pure et transparente. Quand enfin tuniques et voiles sont parfaitement propres, elles les étendent sur les galets au

bord du fleuve. Elles ont alors le temps de se baigner dans le courant, de s'enduire le corps d'huile et de prendre leur repas. Puis elles jouent à la balle en attendant que le soleil sèche le beau linge immaculé.

Elles sont sur le point de s'en aller, quand Athéna intervient : elle veut qu'Ulysse se réveille ! Elle détourne la balle, qui s'échappe et tombe dans un remous. Alerté par les clameurs des jeunes filles, le héros se dresse sur sa couche :

– Malheureux, quels sont ces cris ? Où ai-je encore échoué ? Chez des brutes sauvages et sans justice, ou des hommes pieux et hospitaliers ? Allons voir !

Il arrache une grosse branche feuillue pour cacher sa nudité, et émerge des fourrés. Il est si terrible à voir ainsi que les servantes s'enfuient en tous sens. Seule Nausicaa ne bouge pas : Athéna lui inspire courage. Craignant d'effrayer la princesse aux bras blancs en s'approchant, Ulysse la supplie de loin, avec des paroles douces comme le miel :

– Princesse ou déesse – je ne sais que penser tant tu es belle ! – **j'embrasse tes genoux**. Si tu es mortelle, trois fois heureux ton père et ta mère. Trois fois heureux surtout l'homme qui t'emmènera dans sa maison ! Reine, je n'ose toucher tes genoux, mais je t'implore. Tu vois devant toi un misérable naufragé, que la houle et la tempête ont terriblement mal-

J'embrasse tes genoux : attitude rituelle du suppliant, qui demande aide et protection.

mené. Princesse, prends pitié de moi qui te supplie ! Indique-moi le chemin de la cité, et donne-moi un morceau de tissu pour me couvrir. Puissent les dieux t'accorder en retour tout ce que ton cœur désire !

– Tes paroles me touchent, étranger, répond Nausicaa, ce ne sont pas celles d'un homme sans valeur ! Sache que tu es arrivé au pays des Phéaciens. Moi-même je suis Nausicaa, fille du roi Alcinoos. Tu obtiendras ce que tu souhaites, car nous respectons mendiants et suppliants, qui sont tous envoyés de Zeus.

La princesse rappelle ses suivantes, les réprimande pour leur fuite et leur ordonne de baigner Ulysse. Mais celui-ci, honteux de sa saleté, refuse leur aide et, dans un trou d'eau, à l'écart, nettoie énergiquement son corps et ses cheveux. C'est avec joie qu'il se saisit ensuite de la fiole d'or déposée par les servantes : il y a si longtemps qu'il ne s'est frotté le corps d'huile parfumée ! Enfin il revêt la tunique donnée par Nausicaa, et se présente aux jeunes filles. Athéna a versé sur ses épaules grâce et **prestance** divines, et la princesse, tout émue par l'apparition du héros, confie à ses suivantes :

Prestance : allure noble et élégante.

– Il est sûrement aimé des dieux, cet étranger qui a si noble allure. J'accepterais volontiers un tel homme pour mari ! Allons, servantes, donnez-lui à manger et à boire.

Les jeunes filles s'affairent auprès d'Ulysse, qui mange et boit avec avidité. Puis Nausicaa lui fait cette proposition :

– Étranger, partons maintenant. Mais, quand nous serons arrivés en ville, patiente à l'écart, dans le petit bois d'Athéna que tu trouveras près du port, jusqu'à ce que je sois rentrée auprès de mes parents. Alors, cherche le palais – tu trouveras facilement, aucune demeure n'égale celle du pieux Alcinoos. Traverse la grand-salle sans t'arrêter devant le roi, et va embrasser les genoux de ma mère, Arété la vertueuse. Tu la reconnaîtras aisément : assise au foyer, elle file la laine de sa quenouille, à la lumière du feu. Si tu gagnes son cœur, tous tes vœux seront exaucés.

C'est le départ : Nausicaa sur le chariot tiré par les mules, Ulysse et les servantes à leur suite. Au coucher du soleil, ils arrivent au bois d'Athéna. Tandis que les jeunes filles continuent leur chemin, le héros s'assied et prie la déesse aux yeux de chouette de lui apporter aide et protection. Celle-ci l'entend. Quand, un peu plus tard, il se remet en marche, elle l'entoure d'une vapeur qui le dissimule aux regards : elle préfère lui éviter la rencontre de quelque Phéacien hostile. Puis elle s'approche de lui, elle a pris la forme d'une toute jeune fille portant une cruche, et le guide jusqu'au palais du pieux Alcinoos et d'Arété son épouse.

Nef : c'est un navire, ou encore un vaisseau.

Au passage Ulysse admire les ports et les **nefs** rapides, les murailles et les hautes palissades. Mais il est encore plus frappé par le palais qui brille de l'éclat du soleil et de la lune : murs de bronze, plafonds de

sombre émail bleu, portes d'argent aux poignées d'or. Même les chiens de garde, immortels, sont d'or et d'argent. Les jardins sont tout aussi extraordinaires : arbres, fleurs et fruits y poussent en toute saison, mariant leurs couleurs et leurs parfums sans qu'il y ait ni été ni hiver. Tels sont les présents des dieux au pieux Alcinoos.

Ulysse, après avoir contemplé ces merveilles, entre d'un pas décidé dans la grand-salle. Là se tiennent les nobles Phéaciens qui versent de leurs coupes les dernières **libations** avant d'aller se coucher. Ulysse traverse la salle sans s'arrêter et embrasse les genoux d'Arété. Au même instant, Athéna dissipe le brouillard qui le rendait invisible. Voyant brusquement un homme aux pieds d'Arété, tous se taisent, stupéfaits. Ulysse adresse alors sa supplique à la reine :

Libation : geste rituel. On répand à terre ou sur un autel du vin (du lait, de l'eau...) en l'honneur d'un dieu. Ensuite on boit le vin restant.

– Arété, je viens à tes genoux, à ceux de ton époux, après bien des maux et des fatigues. Que les dieux vous accordent bonheur et prospérité ! Mais donnez-moi les moyens de rentrer dans ma patrie, près des miens dont je suis séparé depuis si longtemps !

Il s'assied alors au foyer, dans la cendre, silencieux. Alcinoos le fait aussitôt lever et asseoir près de lui sur un beau siège clouté d'argent. Des servantes apportent de l'eau pour les **ablutions** et installent devant lui une table qu'elles chargent de mets.

Ablution : on se lave les mains avant tout acte religieux et avant de manger.

Pendant qu'Ulysse mange et boit, le roi fait mélanger le vin dans le **cratère** pour de nouvelles libations à Zeus, protecteur des suppliants. Quand tous ont versé les libations et bu leur content, Alcinoos invite les Phéaciens à préparer dès le lendemain une nef pour permettre à l'étranger de rentrer chez lui. Lui-même organisera une grande fête en son honneur : sacrifices et banquet seront suivis de jeux où s'affrontera toute la noble jeunesse de Phéacie. Tous approuvent, Ulysse remercie selon l'usage, et chacun rentre chez soi pour dormir.

Cratère : grand récipient dans lequel on mélangeait le vin – très alcoolisé – avec de l'eau, et où on le puisait avec des coupes ou une cruche pour le boire.

Pendant que les servantes dressent un bon lit pour l'hôte, Alcinoos gagne sa chambre en compagnie de son épouse, laissant Ulysse se reposer enfin.

Offrandes et sacrifices, privés ou publics, rythment la vie des Grecs. À toute occasion, ils sont en relation avec leurs dieux, que ce soit pour les consulter, les remercier, leur demander aide et assistance.

Les offrandes
Ce sont les plus fréquentes dans les cultes qui se pratiquent à la maison. On offre des fruits, du fromage, des gâteaux. En guise de remerciement, on offre des objets plus précieux : vases, trépieds, statues.

Les sacrifices d'animaux
Ils sont pratiqués dans le cadre des cultes publics : ils sont prestigieux, coûtent cher, surtout les **sacrifices de bovins**.
Ils s'accomplissent sur un autel, en plein air. L'animal, le plus souvent domestique (mouton, porc, volaille) et sans défaut, est paré de bandelettes ou de guirlandes.

Les libations
C'est le geste religieux le plus fréquent. On répand sur un autel ou directement à terre du lait, de l'eau, du vin ou une liqueur de miel. Cette libation se fait souvent avec une coupe que les participants se passent ensuite pour y boire.

« Alcinoos fait mélanger le vin dans le cratère pour de nouvelles libations à Zeus protecteur des suppliants. »

Bœuf mené au sacrifice

Prédire l'avenir

On consulte les dieux pour les affaires privées ou publiques. Des spécialistes examinent les entrailles des bêtes, observent le **vol des oiseaux** ou interprètent les rêves. On va consulter un dieu dans son sanctuaire. À Delphes, Apollon rend ses oracles par l'intermédiaire de la Pythie, une prêtresse dont les réponses sont très difficiles à comprendre. À Dodone, Zeus s'exprime par l'intermédiaire d'un chêne sacré !

Le déroulement du sacrifice

Avant d'égorger l'animal, on l'asperge d'eau et de graines. Puis, le sacrificateur le dépèce, le découpe et le partage. Les os et la graisse, arrosés de vin, sont brûlés : la fumée est la part des dieux. Les viscères sont examinés puis rôtis sur de longues broches. Enfin la viande est répartie entre les convives.

Vol de pélicans

Scène de sacrifice à Apollon (celui-ci se tient à droite)

Chez les Phéaciens

Quand paraît l'Aurore aux doigts de rose, le roi fait sacrifier douze brebis, huit porcs aux dents blanches et deux bœufs aux pattes torses, que l'on découpe pour le banquet. Jeunes et vieux prennent place près des tables dressées, et parmi eux l'**aède** aux beaux chants, Démodocos, qui est aveugle et que guide un serviteur.

Quand tous ont mangé et bu, on tend à l'aède sa **lyre** et il chante les exploits des héros qui bataillèrent à Troie, Agamemnon, Achille, Ulysse, et tant d'autres… Tous ont le cœur réjoui, sauf Ulysse qui a rabattu le pan de son manteau sur ses yeux et cache ses sanglots.

Après cela, Alcinoos donne le signal des jeux. Tous se lèvent et se rendent ensemble à l'**agora**, même l'aède, qu'on mène par la main. On s'installe autour de l'espace où vont concourir les jeunes gens, de façon à ne rien perdre du spectacle.

On commence par la course à pied : les coureurs volent

Aède : poète qui récite ses œuvres en public.
Lyre : instrument à cordes pincées.
Agora : place publique au centre de la cité.

par la plaine, soulevant la poussière. Puis c'est la lutte, le saut en longueur, le lancer du disque, et enfin le pugilat. Mais à la fin des épreuves un incident survient. Laodamas, fils d'Alcinoos, interpelle Ulysse :

– Étranger, tu as sûrement appris à concourir aux jeux, tu as si belle prestance ! Oublie tes soucis et viens donc t'y essayer, toi aussi.

– Laodamas, répond Ulysse, pourquoi te moquer ? J'ai trop de soucis pour penser aux jeux.

Euryalos, vainqueur à la lutte, renchérit, cherchant clairement la dispute :

– Non, tu n'as pas l'expérience des jeux, mais celle de la mer. Tu n'es qu'un trafiquant, un pirate peut-être, et certainement pas un athlète !

– Quelles paroles, mon hôte ! Je ne suis pas ignorant en matière de jeux, c'est le malheur qui m'a usé. Pourtant, ton insolence m'a mordu le cœur, et je vais te répondre !

À ces mots, Ulysse bondit et s'empare d'un disque plus épais, plus lourd que les autres. Il le fait tournoyer et l'envoie si loin qu'il dépasse largement toutes les marques laissées au sol. À lui alors de défier les Phéaciens :

– Jeunes gens, essayez de faire mieux ! Et je peux encore me mesurer à vous si vous le souhaitez, non seulement au disque, mais aussi au saut, à la lutte, au pugilat, tant vous m'avez mis en colère ! Il n'y a qu'avec Laodamas que je ne me mesurerai pas. Il est mon hôte, fils de mon hôte, et je ne peux défier qui m'accueille. Mais pour les autres, je ne crains pas de concourir contre eux.

Un long silence suit ces paroles. C'est Alcinoos qui le rompt :

– Étranger, apaise ta colère. Nul ici ne doute de ta valeur, et tu n'as pas besoin de te mesurer à nous. D'ailleurs nous ne sommes pas forts au pugilat ou à la lutte, mais nous sommes rapides à la course et sur les nefs marines, habiles à la danse et au chant, et amateurs des plaisirs de la table et du lit. Voilà ce que tu pourras dire de nous quand tu seras de retour chez toi. Allons, Phéaciens, montrons à notre hôte ce que nous savons faire : qu'on fasse place à l'aède et à sa lyre !

Aussitôt on aplanit un espace au centre de l'agora et les jeunes danseurs, autour de Démodocos, rythment son chant. Tous les spectateurs prennent plaisir à écouter l'aède, et parmi eux Ulysse. Puis c'est au tour de Laodamas et de son frère Halios de venir au centre et de montrer leur talent. D'abord ils se lancent un ballon et le rattrapent avec des roulades et des sauts merveilleux de souplesse et de précision. Puis ils dansent avec grâce au rythme de la lyre de Démodocos. Les autres jeunes gens se joignent à eux et marquent la mesure. Ébloui par ce spectacle, Ulysse félicite Alcinoos. Celui-ci s'adresse alors aux plus nobles des assistants :

– Phéaciens, notre hôte est un homme de valeur.

Donnons-lui maintenant les **présents d'hospitalité**. Que chacun de nous lui fasse apporter une tunique fine, un manteau et un **talent** d'or, qu'Euryalos surtout lui offre un cadeau assez beau pour apaiser sa colère, bien légitime.

Présents d'hospitalité : rituellement, l'hôte (qui reçoit) offre un cadeau à son invité. La générosité est signe de richesse et de noblesse.
Talent : unité de poids, puis monnaie. Un talent d'or représente une somme d'argent importante.

Tous approuvent et s'exécutent. Euryalos pour sa part met dans les mains d'Ulysse une épée de bronze à poignée d'argent et à fourreau d'ivoire en disant :

– Étranger, si j'ai mal parlé, que les vents emportent mes paroles ! Que les dieux t'accordent de rentrer chez toi et de retrouver les tiens, car tu as assez souffert !

– Merci pour ce glaive et pour ces paroles apaisantes, Euryalos, que les dieux te donnent le bonheur !

Au coucher du soleil, tous les cadeaux sont là. Alcinoos fait apporter un grand coffre, le plus beau qu'il ait, pour y enfermer les présents. Lui-même y ajoute une coupe en or, afin que son hôte se souvienne de lui quand, de retour dans son propre palais, il fera des libations aux dieux. Ensuite il demande à Arété de faire préparer un bain pour l'étranger, avant le festin qui va à nouveau les réunir.

Quand les servantes ont lavé et séché Ulysse, elles le frottent d'huile, lui passent une tunique fine et un beau manteau. Il rejoint alors les convives dans la grand-salle. Nausicaa est là, qui le regarde avancer avec admiration :

– Bonne chance, étranger ! Souviens-toi de moi quand tu

seras de retour dans ta patrie, car c'est à moi d'abord que tu dois la vie !

– Nausicaa, fasse Zeus que je rentre chez moi ! Même là-bas, je ne cesserai de t'adresser mes vœux comme à une déesse, car c'est toi qui m'as sauvé la vie.

Le festin commence. Chacun prend place, et Démodocos l'aède s'assied au milieu des convives. Ulysse lui fait porter une belle part de viande, en marque de respect et d'estime. Et, quand on a fini de manger et de boire, il lui demande de chanter un nouvel épisode de la guerre de Troie, celui du piège construit par Athéna et **Épeios**, qui devait apporter la victoire aux Grecs : le cheval de bois.

Épeios : nom du Grec qui a eu l'idée du cheval de Troie.

L'aveugle prend sa lyre et raconte comment les Grecs ont embarqué et se sont éloignés du rivage troyen. Sur la grève ils ont abandonné un énorme cheval de bois, aux flancs creux, dans lequel se sont cachés, silencieux, les meilleurs guerriers grecs. Inconscients du danger qui les guettait, les Troyens ne savaient s'ils devaient détruire l'engin, ou le faire pénétrer dans la ville pour en faire offrande aux dieux. Ils prirent la mauvaise décision (leur destinée était de périr !) et firent entrer le cheval dans leurs murs. Au beau milieu de la nuit, les

héros grecs se coulèrent hors de leur cachette et ouvrirent les portes aux autres guerriers qui avaient débarqué dans l'obscurité. Tous ensemble ils entreprirent alors de massacrer les Troyens et de saccager leur ville.

L'aède célèbre les exploits des vaillants héros, Ménélas au grand cœur, et Ulysse pareil à **Arès**. L'homme aux mille ruses écoute passionnément et ne peut retenir ses larmes. Le pieux Alcinoos s'en aperçoit et se lève :

Arès : dieu de la guerre.

– Phéaciens, les chants de Démodocos bouleversent

notre hôte. Par égard pour lui, et malgré le plaisir que nous prenons à écouter, je pense qu'il vaut mieux que l'aède s'interrompe. Pour toi mon hôte, le retour est assuré, et nous te fournirons bonne escorte. Mais auparavant, réponds sans détour à ma question : qui es-tu, étranger, qui sont tes parents et de quel pays viens-tu ? Il faut bien que je le sache, pour que notre nef te ramène dans ta patrie ! Conte-nous les malheurs qui t'ont amené chez nous, et explique-nous pourquoi les récits de l'aède te bouleversent tant.

– Sage Alcinoos, par quoi commencer ? **Par mon nom** d'abord, puisque je suis ton hôte. Je suis Ulysse, fils de Laërte. J'habite Ithaque : c'est mon île, et aucun lieu ne m'est plus doux. Puisque tu veux le récit de mes aventures, je vais te conter mon retour, après notre victoire et le saccage de Troie. Je te conterai aussi tous les malheurs que Zeus suscita contre moi.

Par mon nom : l'hospitalité repose sur la loyauté et le soutien mutuels. En se nommant, on s'engage à respecter ces lois.

LES JEUX GRECS se déroulent en l'honneur d'un dieu, dans son sanctuaire, à date fixe. À l'époque d'Ulysse, on les organise lors de funérailles ou pour célébrer un hôte sacré. Ils sont accompagnés de sacrifices et de banquets rituels.

Les participants
Seuls les hommes (adultes ou jeunes suivant les épreuves) participent aux jeux.

Course de chars

“Alcinoos donne le signal des jeux. Tous se lèvent et se rendent ensemble à l'agora.”

La course de chars
Le vainqueur de la course de chars n'est pas le conducteur, mais le propriétaire du char et des chevaux. La renommée du vainqueur est si grande que beaucoup de nobles, ou de riches, font courir plusieurs chars dans une même course !

La trêve
Lors des jeux Panhelléniques (réunissant tous les Grecs), une trêve était instituée qui permettait à chacun, même habitant une cité en guerre, d'y participer.

Les athlètes
Que ce soit pour les lancers, les **luttes** ou les **courses** (sauf celle de chars), jeunes et adultes combattaient nus. D'ailleurs, le lieu où s'exercent les athlètes, le gymnase, dérive de l'adjectif grec *gymnos*, qui signifie «nu».

Coureur ou jeune lutteur

Temple de Zeus à Olympie

Entrée du stade d'Olympie

Rameau d'olivier

Toilette de l'athlète

Scène de lutte

Olympie
À Olympie se trouve le plus grand **sanctuaire de Zeus**. En son honneur on organise tous les quatre ans les jeux Olympiques, qui rassemblent des athlètes venus de toutes les cités de Grèce. D'autres jeux réunissent tous les Grecs : les Néméens, tous les deux ans à Némée, les Pythiques, à Delphes (en l'honneur d'Apollon, autre dieu olympien), ou les Isthmiques, à Corinthe.

Soins du corps
Le corps est l'objet de beaucoup de soins : il est baigné et huilé. Après les épreuves, les athlètes doivent se **nettoyer et racler leur corps** avec un strigile pour ôter l'huile mêlée de poussière et de sueur qui le recouvre.

La victoire
Les vainqueurs reçoivent une simple couronne de laurier ou d'**olivier**. Mais leurs exploits sont chantés par les poètes.

Les premiers malheurs d'Ulysse

Nous partîmes avec un bon vent, qui nous mena au rivage des **Cicones**. Une fois débarqués, nous attaquâmes la ville, tuant les hommes, emmenant les femmes, pillant les biens. Mais, au lieu de repartir immédiatement après le partage, mes hommes – les imbéciles ! – préférèrent rester à festoyer. On but et on mangea tant et plus. Au matin surgirent des Cicones de la campagne. Plus nombreux et mieux armés, ils massacrèrent un grand nombre des nôtres. Nous perdîmes six hommes par nef. Nous autres, nous réussîmes à fuir et à reprendre la mer, pleins de douleur.

Cicones : peuple de Thrace (nord-est de la Grèce).
Cap Malée : au sud-est de la Grèce. Ce cap représente le passage entre la mer Égée (à l'est) et la mer Ionienne (à l'ouest), et, ici, symbolise la frontière entre monde réel et monde imaginaire.
Lotophages : peuple imaginaire.

J'aurais pu encore rejoindre ma patrie, si tous les éléments – vents, vagues, courants – ne s'étaient ligués contre nous au passage du **cap Malée**. Pendant neuf jours, des vents de mort nous repoussèrent, et au dixième, nous débarquâmes chez les **Lotophages**.

J'envoyai trois compagnons s'informer des habitants de ce rivage. Oh, les Lotophages ne leur firent aucun mal, non ! Ils leur donnèrent seulement à manger du lotus, une plante délicieuse, qui fait tout oublier. Mes compagnons oublièrent alors le but de leur voyage. Leur seule envie était désormais de rester à manger le lotus. On dut utiliser la force pour les ramener à bord, criant et gémissant. Nous repartîmes aussitôt, de peur qu'un autre ne goûte à cette plante fatale.

Cyclopes : géants qui ne possèdent qu'un œil, au milieu du front.

Nous naviguâmes ainsi jusqu'au pays des **Cyclopes**, qui vivent sans lois et sans agriculture. La terre leur donne en abondance fruits et céréales, et chacun vit de son côté, dans des grottes. Nous débarquâmes dans une petite île boisée, un peu à l'écart. Comme les Cyclopes n'ont pas de nefs, l'île n'est habitée que par des chèvres. Après quelque repos, nous partîmes en chasse, et nous en tuâmes notre content. Quel festin ensuite ! À la viande s'ajoutait le vin, dont nous avions encore de grandes quantités, prises aux Cicones. Un bon sommeil s'ensuivit.

Quand parut l'Aurore aux doigts de rose, je confiai à mes hommes ma curiosité et mon désir d'aller visiter le rivage opposé, d'où s'élevaient des fumées et des bêlements de moutons :

– Qui en sont les habitants, des brutes sauvages et sans justice, ou des hommes pieux et hospitaliers ?

J'embarquai dans ma nef, avec mes compagnons, laissant les autres sur l'île.

Après avoir traversé, nous découvrîmes tout au bord du rivage une grotte immense. Un nombreux bétail pouvait y passer la nuit. Tout autour se dressait une enceinte de pierres et d'arbres chevelus. C'était assurément la demeure d'un être gigantesque. Je proposai à mes compagnons de rester près de la nef pour la garder, sauf les douze plus braves que j'emmenai avec moi. Comme j'étais peu sûr de l'accueil qui nous serait fait, j'emportai des provisions, dont une grande **outre** pleine d'un délicieux vin noir, pur de tout mélange.

Outre : sac cousu dans une peau d'animal, servant à transporter des liquides.

Claies : étagères d'osier tressé ou de fines planches à claire-voie.

Il n'y avait personne dans la caverne, hormis des agneaux et des chevreaux en quantité. Des fromages séchaient sur des **claies**. Mes hommes n'avaient qu'une envie : prendre tout le butin dont nous pouvions nous charger, et repartir aussitôt. Mais moi, pauvre imbécile, je voulais à toute force rencontrer le maître des lieux, pour voir quels cadeaux d'hospitalité il allait me donner !

Nous l'attendîmes donc à l'intérieur après avoir mangé des fromages. Mais quand il revint, chargé d'une grande brassée de bois sec, nous nous réfugiâmes au fond de la grotte, tremblants d'effroi. Il était monstrueux, plus semblable à un pic montagneux couronné de bois qu'à un homme mangeur de pain. Il fit ensuite entrer les femelles à traire, laissa les mâles dehors, dans l'enceinte, et ferma la caverne avec une pierre immense en guise de porte.

Vingt chariots n'auraient pas suffi pour la déplacer ! Il se mit au travail, trayant les bêtes puis recueillant le lait, partie pour le boire, partie pour le faire **cailler**. Ensuite il prépara le feu pour son souper, et, alors seulement son regard tomba sur nous.

Cailler : pour faire du fromage, on laisse «tourner», ou cailler, le lait. Des grumeaux se forment, que l'on sépare du liquide : ce sont eux qui, séchés, deviendront le fromage.

– Qui êtes-vous, étrangers, et d'où venez-vous, naviguant ainsi ?

Sa voix était si grave et si puissante que nous étions terrorisés. Je répondis pourtant :

– Nous sommes des Grecs qui revenons de Troie, mais Zeus nous a égarés sur l'étendue salée, et nous venons à toi en suppliants. Vois, je touche tes genoux. Par respect pour Zeus, accueille-nous et offre-nous les présents d'hospitalité !

– Que tu es sot, étranger ! Ne sais-tu pas que, nous autres Cyclopes, nous ne craignons pas les dieux, pas même Zeus ?

Tout en parlant ainsi, il saisit d'un bond deux de mes compagnons, leur fracassa le crâne comme à des chiots, faisant gicler leur sang et leur cervelle. Puis il les découpa, prépara son souper, et les dévora entièrement, sans laisser ni os ni entrailles. Nous pleurions et suppliions, mais en vain.

Quand enfin il s'endormit, repu de viande humaine et de lait (c'est tout ce qu'il buvait), je voulus d'abord lui enfoncer mon épée dans le ventre. Mais je me repris à temps : si je le tuais, comment sortir d'ici avec cette porte infranchissable ? Nous serions condamnés à périr sur

place ! Il nous fallut donc nous résigner à attendre le jour.

Quand parut l'Aurore aux doigts de rose, le monstre s'éveilla, fit la traite de ses bêtes, dévora encore deux hommes et sortit avec son troupeau après avoir déplacé la pierre. Mais il la remit en place aussitôt, nous laissant gémir sur nos morts et ruminer notre vengeance. Voici alors ce que je résolus.

Près d'une paroi de la grotte séchait un bâton de bois vert, à la mesure du monstre. On aurait dit un mât de navire. J'en découpai un long morceau, que je confiai à mes hommes pour qu'ils le rendent parfaitement lisse. De mon côté, j'en taillai une extrémité en pointe, puis le mis à durcir au feu et enfin le cachai sous le fumier qui couvrait le sol de la grotte. Mes compagnons tirèrent ensuite au sort pour savoir qui oserait, avec moi, enfoncer le pieu dans l'œil du Cyclope quand il s'endormirait. Le sort désigna les quatre meilleurs.

Le monstre revint le soir, poussant cette fois toutes ses bêtes dans la grotte, qu'il referma soigneusement. Il s'occupa du bétail comme d'habitude, puis il s'empara encore de deux hommes pour son souper. C'est alors que je m'avançai, tendant vers lui un pot plein de vin noir :

– Prends, Cyclope, cette boisson. Je l'avais apportée de notre nef pour faire une libation en ton honneur et boire avec toi, mais tu ne respectes rien !

La brute accepta et but la terrible boisson d'un trait. Il

m'en réclama une seconde ration, me promettant même un cadeau d'hospitalité. Je ne me fis pas prier et lui apportai à boire une deuxième, une troisième, puis une quatrième fois. Chaque pot, il le but d'un trait, sans réfléchir. Alors seulement, je répondis :

– Puisque tu m'as promis un présent d'hospitalité, je vais te dire quel est mon nom. C'est Personne. Mes parents, mes amis, tous me nomment Personne. Dis-moi maintenant quel cadeau tu me réserves !

– Je mangerai Personne en dernier, après tous ses compagnons. Voilà quel est mon présent !

Là-dessus, le Cyclope tomba à la renverse. Il dormait déjà. Dans son sommeil, il rotait, et de sa bouche entrouverte coulaient du vin et des morceaux de chair humaine. Je mis aussitôt le pieu sous les braises. Quand il fut bien chaud, prêt à s'enflammer, je le sortis du feu et l'approchai du monstre. Puis, avec les hommes désignés, d'un même mouvement, nous plantâmes le pieu dans son œil unique en le faisant tourner. Il s'enfonçait comme un **foret**. Le sang coulait, cils et sourcils grillaient sous l'effet de la chaleur du pieu…

Foret : instrument long et pointu qui sert à forer (creuser un trou profond et étroit).

Le Cyclope poussa un hurlement effrayant, qui nous fit tous reculer. Il arracha de son œil – qui n'était plus qu'une plaie béante – le pieu ensanglanté et le jeta au loin. Fou de douleur, il appela au secours les autres Cyclopes, qui répondirent :

– Que t'arrive-t-il, Polyphème ? Qu'as-tu à crier ainsi ? Quelqu'un, par ruse ou par violence, cherche-t-il à te voler ou à te tuer ?

– C'est Personne, mes amis, Personne qui cherche à me tuer, par ruse, non par violence !

– Eh bien, si personne ne te fait violence, c'est donc Zeus qui t'envoie tes souffrances et nous ne pouvons rien pour toi.

Ils repartirent tous, à ma grande joie. Ma ruse avait réussi !

Polyphème, le Cyclope, gagna en gémissant la porte dont il retira la pierre, et il s'assit là, barrant l'ouverture de ses deux bras tendus. Qu'espérait-il, que nous allions nous jeter contre lui sans précaution ?

Non, j'avais trouvé la solution. Puisque les mâles du troupeau étaient aussi rentrés dans la grotte, je liai les

béliers trois par trois avec les tiges d'osier qui formaient la couche du monstre. J'attachai chacun de mes compagnons sous le ventre du bélier central, de sorte que les deux béliers **latéraux** les protégeaient. Pour moi, je choisis le plus gros mâle, une bête magnifique, et, caché sous son ventre, je m'agrippai des pieds et des mains à son épaisse toison. C'est ainsi que nous attendîmes l'Aurore.

Latéral : qui est sur le côté.

Quand elle parut, les béliers se précipitèrent dehors. Le Cyclope tâtait le dos de chacun, mais jamais il n'eut l'idée de passer sa main sous leur ventre : heureusement pour nous ! Quand le bélier qui me portait, ralenti par mon poids, passa après tous les autres, il l'arrêta pourtant, intrigué par son retard : c'était lui qui menait le troupeau, d'habitude. Mais il se contenta de le caresser et de lui parler, avant de le laisser sortir à son tour.

CULTIVER LA TERRE en Grèce est une activité rude : les sols sont arides et les plaines souvent étroites dans ce pays montagneux. L'agriculture est donc l'objet de soins particuliers de la part des dieux.

Plat à poisson

Le cycle des saisons
Perséphone, fille de Déméter, est l'épouse d'Hadès, dieu des Enfers. Mais, comme sa mère n'acceptait pas sa disparition sous terre et menaçait de laisser périr de faim les hommes, Zeus imposa à Hadès de laisser Perséphone revenir sur terre la moitié de l'année. Ainsi, au printemps et en été, les deux déesses font pousser les céréales. En hiver, Déméter pleure et les graines restent sous terre, comme Perséphone.

L'élevage et la pêche
On élève du petit bétail (**chèvres**, porcs, moutons, volailles) et l'on pêche, près des côtes, **poissons** et poulpes.

Les céréales
C'est la base de l'alimentation des Grecs, qui cultivent le blé, l'orge, le millet. Ils en font du **pain**, des galettes, des gâteaux ou… de la bouillie.

« Quel festin ensuite ! À la viande s'ajoutait le vin, dont nous avions encore de grandes quantités. »

Boulangers pétrissant la pâte pour le pain

La vigne
Apportée d'Asie par Dionysos, c'est avec son **raisin** qu'on fait le vin. Comme celui-ci est très fort, on ne le boit souvent qu'après l'avoir coupé d'eau dans un vase à large ouverture, le cratère, où on le puise ensuite. Il peut être aromatisé avec du miel, de la cannelle, des herbes…

Cueillette des olives

L'olivier
Arbre offert par Athéna aux habitants de l'Attique (futurs Athéniens), symbole de paix, l'olivier est précieux. Il fournit les **olives** et l'huile, bien souvent exportées. Cet arbre s'épanouit dans toutes les régions de la Grèce.

Oliveraie

Nouvelles menaces

Quand nous fûmes assez éloignés de la grotte, je lâchai d'abord mon bélier, puis libérai mes compagnons. Nous poussâmes devant nous les bêtes qui nous avaient portés, et par des détours nous rejoignîmes l'anse où **mouillait** notre nef. Inutile de vous dire quelle fut la joie de nos compagnons quand ils nous virent, et leur tristesse quand ils apprirent le sort funeste des absents ! Sans perdre de temps, nous fîmes monter le gros du troupeau à bord et nous mîmes la voile.

Mouiller : se dit d'un navire qui est à l'ancre, en mer, et non arrêté à quai, dans un port.

Dès que nous fûmes éloignés, mais à une distance suffisante pour se faire entendre, je criai au Cyclope :

– Tu croyais sans doute avoir affaire à un lâche qui te laisserait manger ses compagnons ? Te voilà puni pour n'avoir pas respecté la loi de Zeus ! Et si tu veux savoir par qui, apprends que je suis Ulysse, fils de Laërte, roi d'Ithaque !

Un véritable rugissement de rage répondit à mes paroles. En même temps, le monstre lançait sur nous, de toutes ses forces, un énorme rocher qui tomba presque sur notre

Poupe : c'est l'arrière du navire.

poupe. Nous crûmes notre dernière heure arrivée, tant la vague qu'il avait provoquée était formidable. Par chance, elle nous emporta au loin. Mais je pus encore entendre Polyphème hurler :

– Ulysse, fils de Laërte, sois maudit pour ce que tu m'as fait ! J'en appelle à toi, Poséidon ! S'il est vrai que je suis ton fils, poursuis cet homme de ta colère, empêche-le de rentrer chez lui, ou, si son destin le veut, que ce soit le plus tard possible, après bien des malheurs, seul et misérable.

Poséidon, hélas, l'entendit.

La vague nous avait projetés tout près des nefs qui nous attendaient. Nous fêtâmes avec joie nos retrouvailles. J'offris en sacrifice à Zeus le bélier qui m'avait sauvé, j'en fis brûler les cuisses, mais Zeus désormais resta sourd à mes prières.

Nous repartîmes de l'avant, frappant des rames la mer violette.

Nous arrivâmes ainsi à l'île d'Éole, le gardien des vents. C'est une île flottante, ceinte d'une haute muraille de bronze. Là vivent Éole, son épouse et leurs douze enfants : six garçons et six filles, qu'il a mariés ensemble. Nous fûmes fort bien reçus, pendant tout un mois, passant les journées à festoyer avec eux.

Quand vint le moment du départ, Éole me confia une outre en peau de bœuf dans laquelle il avait enfermé tous les vents, sauf le doux Zéphyr : il m'assurait ainsi un retour tranquille. Hélas, notre étourderie allait nous perdre !

Après neuf jours de navigation paisible, alors que je dormais, mes compagnons voulurent voir les riches présents offerts par Éole – pauvres sots ! – et ils ouvrirent l'outre. Quel ouragan s'éleva alors ! Tous les vents libérés soufflaient ensemble dans toutes les directions ! Nous ne pouvions rien faire sinon pleurer. Je faillis même me jeter à l'eau pour en finir, mais je me retins.

L'ouragan nous ramena jusque chez Éole. Mais cette fois, déduisant de cette aventure que nous étions haïs des dieux, il nous chassa sans pitié.

Nous repartîmes en gémissant, épuisés, ne pouvant espérer désormais l'aide de quiconque. Au septième jour de navigation, nous arrivâmes au port des Lestrygons. Ce port est abrité par deux falaises rocheuses qui se rejoignent presque, ne laissant qu'un étroit passage. Toutes les nefs s'y engagèrent pour aller s'attacher ensemble au fond du port, sauf la mienne. Je ne sais quel pressentiment me poussa à fixer les câbles sur le dernier rocher avant la **passe**.

J'envoyai trois hommes en reconnaissance. Ils rencontrèrent une forte jeune fille qui puisait de l'eau, et qui leur indiqua la demeure royale d'Antiphatès, son père. Mais quand ils virent la reine, aussi haute

Passe : étroit passage pour la navigation.

qu'une montagne, ils n'eurent plus qu'une envie, s'enfuir. Trop tard, hélas ! Antiphatès, qu'elle avait appelé, arrivait et s'emparait d'un des nôtres pour en faire son repas ! Les deux autres réussirent à rejoindre les nefs, mais déjà retentissait le cri de guerre des Lestrygons et de partout accouraient les terribles géants. Ils entreprirent de lancer sur les nefs d'énormes rochers qui les brisèrent. Puis ils pêchèrent les hommes tombés à l'eau comme des poissons et les emportèrent pour un triste festin.

Pendant que ceci se passait dans le port, je tranchai d'un coup d'épée les câbles qui retenaient ma nef, et je fis

faire force rames à mes compagnons affligés, pour nous éloigner au plus vite de ce piège mortel.

Nous voguâmes encore quelque temps avant d'atteindre l'île d'Aïaïé, où demeure Circé aux belles tresses, la redoutable déesse. Nous débarquâmes et nous restâmes deux jours à nous ronger le cœur, sur une plage bien abritée. Au troisième jour, je montai sur une hauteur et j'aperçus une fumée : fallait-il aller aux nouvelles ?

Un incident me rendit confiance : sur le chemin du retour, je rencontrai un cerf immense que j'abattis de ma

javeline. Allons, nous ne mourrions pas encore de faim ! Le lendemain, après un festin qui nous réconforta, je réunis mes hommes pour décider de la marche à suivre.

– Compagnons, nous ne savons plus quoi faire, ni où aller. Cette terre est une île basse et boisée. Au centre se trouve un manoir d'où s'échappe une fumée. Il nous faut absolument savoir qui vit là, quelle aide nous pouvons trouver.

Au souvenir de ce qui s'était passé chez Antiphatès et chez le Cyclope, tous mes hommes éclatèrent en sanglots et en gémissements, mais en vain. Je les divisai en deux groupes, à la tête desquels je mis deux chefs : Euryloque et moi. Nous tirâmes au sort et c'est Euryloque qui fut désigné. Il partit avec ses vingt-deux compagnons, tous pleurant, eux comme nous.

En chemin, dans les bois, ils rencontrèrent des lions et des loups. C'étaient des hommes ensorcelés par Circé ! D'ailleurs, au lieu de s'élancer sur eux, ceux-ci s'approchèrent et se mirent debout, en battant de la queue, comme des chiens. Les nôtres n'étaient pas rassurés... Mais, devant la demeure de Circé, entendant la voix de la déesse qui chantait admirablement, ils oublièrent leurs doutes et frappèrent vigoureusement à la porte. Seul Euryloque resta en arrière quand elle les fit entrer.

Elle les invita à s'asseoir et leur offrit du vin mêlé de miel, auquel elle avait ajouté une drogue. Quand ils eurent bu, elle les toucha de sa baguette : ils étaient changés en porcs ! Groins et soies, ils avaient tout de porcs, sauf l'esprit, qui était resté humain. Et ils pleuraient de grosses larmes, tandis qu'elle les enfermait dans la porcherie.

De retour, Euryloque nous raconta en sanglotant ce qu'il avait vu. Aussitôt, je pris mes armes pour me rendre chez la redoutable déesse.

En chemin, je rencontrai Hermès sous les traits d'un

tout jeune homme. Il eut pitié de moi. Il me remit une herbe de vie pour me protéger des drogues de Circé et m'indiqua la conduite à suivre pour obtenir le salut de mes compagnons. Puis il reprit le chemin de l'Olympe, disparaissant comme il était venu.

J'arrivai donc au manoir de Circé. J'appelai, elle me fit entrer et m'offrit son vin mêlé de drogue. Comme prévu, celle-ci ne me fit aucun effet, pas plus que le coup de baguette de la déesse. Suivant alors les conseils d'Hermès, je saisis mon épée et j'en menaçai la traîtresse, qui s'effondra à mes genoux :

– Tu es donc Ulysse ! Il était dit que toi seul résisterais un jour à mes **charmes** ! Remets ton glaive au fourreau, et viens avec moi goûter les plaisirs du lit. Que ce soit le gage de notre loyauté mutuelle !

– Non, déesse, tu me veux dans ton lit pour m'avoir à ta merci, désarmé et impuissant ! Je ne te rejoindrai pas sur ta couche, sauf si tu me jures le grand serment des dieux que tu ne me veux aucun mal.

Enfin rendue, elle jura par le **Styx**, et je l'accompagnai dans son lit.

Pendant ce temps, ses suivantes préparaient riches tables et mets délicieux, ainsi qu'un bon bain chaud. La déesse me baigna, me frotta d'huile et me vêtit d'une fine tunique et d'un superbe manteau. Mais quand il s'agit de goûter aux mets, j'en fus incapable,

Charmes : ensorcellement, sortilèges.

Styx : fleuve des Enfers (le séjour des morts). Le serment «par le Styx» est le seul qui lie les dieux.

tant j'avais le cœur lourd en pensant à mes compagnons.

Dès que Circé eut compris ce qui me chagrinait, elle se leva et m'emmena à la porcherie, où, d'un coup de sa baguette, elle rendit leur première apparence à mes hommes. Je les trouvai même plus grands, plus jeunes, plus beaux. Chacun me prit la main et, tous ensemble, nous sanglotâmes à grand bruit. La déesse, pareillement émue, me proposa alors d'aller chercher tous mes compagnons, afin qu'ils goûtent aussi aux douceurs de son hospitalité.

PAYS DE NAVIGATEURS, la Grèce, constituée d'une multitude d'îles, possède 15 000 km de côtes. Malgré leur méfiance, les Grecs vont sur mer pour pêcher, pour fonder des colonies et pour commercer avec leurs voisins.

Le commerce
Les Grecs ont besoin de céréales, de bois, de minerais (fer, cuivre) qu'ils doivent importer. Eux-mêmes exportent surtout de l'huile, du vin, des poteries. Liquides et grains sont transportés dans de grandes jarres de terre cuite : les **amphores**.

Les navires
Ils sont munis d'un gouvernail, d'une voile, et de rangées de rames (de une à trois). Le nom des navires dépend soit du nombre de ces rangées (la **trière** en a trois), soit du nombre de rameurs. Ramer n'est pas une «corvée», mais le travail des marins.

Rivalité sur les mers
Les **Phéniciens**, établis sur la côte orientale de la Méditerranée, font concurrence aux marchands grecs.

La navigation
Les Grecs se dirigent essentiellement à vue. C'est pourquoi ils ne s'éloignent jamais beaucoup du littoral. Ils redoutent les tempêtes, qui peuvent jeter leurs navires sur les côtes rocheuses.

Amphore

Monnaies phéniciennes

Navire de guerre
Ce n'est qu'au Ve siècle av. J.-C. que naît la marine de guerre grecque.

« Nous repartîmes de l'avant, frappant des rames la mer violette. »

Trière à neuf rameurs par rangée

Le voyage en mer de Dionysos

Le port du Pirée

Les pirates
Ils étaient nombreux en Méditerranée. Pour effrayer ceux qui l'attaquaient, **Dionysos**, dit-on, fit grimper une vigne le long du mât. Les pirates, plongeant dans la mer, y furent changés en dauphins.

Les ports
L'existence d'un port est un grand atout pour une cité : c'est la garantie d'un approvisionnement autonome. Athènes relia son port, **Le Pirée**, aux remparts de la cité par les Longs Murs (8 km de long !).

Au pays des morts

L'invitation de Circé fut acceptée avec joie par tous, même par Euryloque, pourtant méfiant au début ! Nous passâmes ainsi une année complète, goûtant les plaisirs des festins.

Mais quand revint le printemps, mes compagnons me rappelèrent à l'ordre : ils étaient pris du désir du retour. La nuit suivante, je demandai donc à Circé de tenir sa promesse et de nous aider à rentrer.

– Ulysse, fils de Laërte, s'il ne vous plaît plus de rester ici, partez ! Mais votre premier voyage vous mènera aux Enfers, chez **Hadès**. Tu devras consulter là Tirésias, le **devin** aveugle qui, même mort, a gardé sa raison : ainsi l'a voulu **Perséphone**.

À ces mots, j'éclatai en sanglots. Je préférais mourir tout de suite !

– Qui me guidera, dans un tel voyage ? Comment revenir du noir pays d'Hadès ?

– Ne t'inquiète pas de cela. Pars, laisse-toi mener par Borée qui te fera traverser l'**Océan**. Arrivé au noir rivage de Perséphone, tire ta nef

Hadès et Perséphone : dieu et déesse des Enfers.
Devin : il comprend la volonté des dieux et du destin.
Océan : pour les anciens Grecs, l'Océan est un fleuve qui fait le tour de la Terre (qui est plate, selon eux).

au sec, et toi, pénètre dans le bois. Tu arriveras aux marais où se rejoignent les **fleuves infernaux**. C'est là – écoute-moi bien –, au confluent des fleuves hurleurs, que tu creuseras une fosse carrée. Fais autour de cette fosse une triple libation à tous les défunts : liqueur de miel d'abord, puis vin doux, eau claire enfin. Verse ensuite dans le trou de la farine blanche en invoquant les morts. Promets-leur qu'à ton retour en Ithaque, tu leur sacrifieras sur un bûcher la plus belle de tes vaches stériles, et, à Tirésias seul, un bélier noir, sans tache. Puis fais-leur offrande d'un agneau et d'une brebis noirs : la tête des victimes sera tournée vers les Enfers, mais toi, tu prendras bien garde de détourner ton regard. Les ombres des morts vont accourir en foule. Que tes hommes s'activent alors pour écorcher les bêtes et en faire l'**holocauste** à Hadès et Perséphone les terribles. Quant à toi, tire ton glaive et interdis aux ombres de boire le sang tant que Tirésias ne t'aura pas répondu. Il viendra aussitôt et t'indiquera, lui, la route à suivre.

Les fleuves infernaux : les principaux sont l'Achéron – qui forme la frontière des Enfers –, et le Styx, dont les eaux rendent invulnérable et qui garantit le serment des dieux.

Holocauste : sacrifice qui consiste à brûler entièrement l'animal tué.

Comme le jour se levait, je réveillai mes compagnons et donnai le signal du départ. Certes, leur joie fit place à l'effroi quand ils apprirent le but de notre voyage ! Mais je restai intraitable devant leurs sanglots et leurs supplications, et nous prîmes la mer le jour même, avec les derniers cadeaux de Circé aux belles tresses : les animaux du sacrifice, et un bon vent dans la voile.

À la fin du jour nous abordâmes aux limites de l'Océan, au rivage où jamais ne luit le soleil, et nous suivîmes point par point les indications de Circé.

Le sang noir des victimes commençait à peine à s'écouler que les ombres sortirent en foule des Enfers, poussant des cris perçants. Vert de peur, je tirai mon épée pour interdire l'accès du sang aux défunts, pendant que mes hommes se hâtaient d'accomplir l'holocauste.

La première ombre que je distinguai fut celle de ma mère, Anticlée, qui vivait quand je partis pour Troie. Je versai des larmes à sa vue, mais je ne baissai pas mon épée pour autant : j'attendais Tirésias, le devin de Thèbes.

Il arriva alors, ou plutôt son spectre arriva, portant le sceptre d'or. J'écartai mon glaive et il but le sang noir. Aussitôt après, il m'adressa ces paroles de vérité :

– Digne fils de Laërte, Ulysse aux mille ruses, c'est ton retour que tu veux, mais Poséidon ne te laissera pas l'obtenir de sitôt, tant il a de rancune contre toi, qui lui as aveuglé son fils ! Tu as pourtant encore une chance de rentrer chez toi avec tous tes compagnons, si vous êtes capables de vous maîtriser. Quand vous aurez abordé dans l'île de Thrinacie, vous trouverez les troupeaux du Soleil. Surtout n'y touchez pas, et le retour vous sera accordé. Sinon, malheur à vous ! Vous ne reverrez jamais Ithaque, sauf toi, peut-être, après de longues années, seul, sans nef ni amis, misérable. Même là, tes maux ne seront pas finis : tu trouveras chez toi de véritables bandits qui, en courtisant ton épouse, dévoreront tes biens dans des banquets continuels. Et une fois que tu les auras punis, il te faudra encore repartir, ta rame sur l'épaule, jusqu'au pays où l'on ne connaît pas la mer, où l'on confond une rame avec un battoir à grains. Là tu offriras à Poséidon le sacrifice de trois mâles sans défaut : porc, bélier et taureau. Puis, de retour à Ithaque, tu devras faire des **hécatombes** sacrées en l'honneur de tous les bienheureux Olympiens. Alors seulement tu connaîtras une mort tranquille, après une longue et heureuse vieillesse. J'ai dit.

Hécatombe : sacrifice de cent bœufs.

– Voilà donc le destin qui m'attend. Mais dis-moi, vénérable Tirésias, je vois ici l'âme de ma mère, la noble Anticlée. Comment faire pour lui parler ?

– C'est simple : tous les morts que tu laisseras s'approcher et boire le sang te reconnaîtront et te parleront avec vérité. Les autres retourneront aux Enfers.

À ces mos, Tirésias tourna le dos et rentra chez Hadès.

Je laissai donc ma mère boire le sang. Elle me reconnut et gémit de me voir là.

– Non, ma mère, je ne suis pas mort, je suis venu m'informer du retour auprès de Tirésias de Thèbes, le devin aveugle. Mais dis-moi, comment es-tu morte ?

Brusquement, ou après une longue maladie ? Parle-moi de mon père, du fils que j'ai laissé en Ithaque : ont-ils conservé le pouvoir royal ? Et ma femme, que devient-elle ? Est-elle restée fidèle, auprès d'eux, ou bien a-t-elle déjà choisi un nouvel époux parmi les Grecs ?

– Elle te reste fidèle, passant ses jours et ses nuits à pleurer dans ta demeure. Ton pouvoir n'a pas été confisqué, mais ton père ne rentre plus au manoir et reste aux champs, mal vêtu, dormant avec les serviteurs ou même dehors. Le chagrin de ton absence le ronge, et il est vieux ! Moi, ce n'est pas de maladie que je suis morte. C'est la douleur, le regret de toi qui m'ont emportée chez Hadès.

Je voulus saisir l'âme de ma mère. Trois fois je m'élançai,

trois fois elle s'échappa de mes bras, comme une ombre, comme un rêve.

– Mon enfant, ne pleure pas ! Tu ne peux m'embrasser : les morts n'ont plus ni nerfs ni os pour maintenir ensemble leurs chairs. Tout a brûlé sur le bûcher, seule l'âme s'est envolée… Allons, hâte-toi plutôt de repartir vers la lumière !

Elle s'éloigna, me laissant entouré d'âmes illustres, qui avaient été épouses de rois et de dieux, ou bien héros et vaillants guerriers.

Je laissai venir à moi mes anciens compagnons, et d'abord Agamemnon, le fils d'Atrée, dont j'ignorais la mort. Il m'apprit comment il avait été tué en traître au cours du banquet qui devait fêter son retour de Troie. C'est Égisthe, l'amant de son épouse, qui avait commis le crime odieux, mais c'est elle qui avait armé le meurtrier. Ainsi, après **Hélène** qui avait causé la mort de tant de héros parmi nous, c'était encore une femme qui était cause de celle-ci !

Hélène : son enlèvement a provoqué la guerre de Troie.

Puis il me quitta et fit place au divin Achille, à qui j'expliquai ma présence ici :

– Noble fils de Pélée, c'est pour voir Tirésias que je suis ici. Je ne suis toujours pas rentré chez moi, et j'aspire au retour, malheureux que je suis ! Toi au contraire, Achille, tu as toujours été heureux : vivant, tu étais honoré par nous tous à l'égal d'un dieu, mort, tu es toujours aussi puissant !

– Ne t'illusionne pas sur la mort, Ulysse. Je préférerais mille fois être un malheureux serf vivant courbé sur la terre que roi de tous les morts ! Mais va, donne-moi plutôt des nouvelles de mon père et de mon valeureux fils.

Je ne pus rien lui dire du noble Pélée, mais je lui racontai les exploits de son fils Néoptolème quand nous combattions ensemble devant Troie, et je vis combien cela le rendait heureux.

Bien d'autres morts étaient là, avec qui j'aurais volontiers parlé aussi. Mais à voir tous ceux qui sortaient encore et encore des profondeurs, j'eus soudain peur que n'arrivent les monstres qui peuplent la demeure d'Hadès, et je préférai rejoindre mes compagnons et ma nef.

LA GUERRE DE TROIE appartient à l'histoire légendaire de la Grèce. Elle a été chantée par le plus célèbre des aèdes, Homère. Ses héros et ses combats sont connus de tous les Grecs. Née d'une dispute entre les dieux, elle opposa Grecs et Troyens jusqu'à l'incendie de Troie et au massacre de ses habitants.

Héra

Les causes de la guerre

Héra, Athéna et Aphrodite voulant savoir qui était la plus belle, Zeus confia cet arbitrage au berger Pâris qui décerna le titre à Aphrodite. En récompense, il reçut d'elle l'amour de la belle **Hélène**. Mais celle-ci était l'épouse de **Ménélas,** roi de Sparte, et Pâris dut l'enlever ! Les rois grecs, en colère, partirent venger Ménélas. Or Pâris était fils de Priam, roi de **Troie**…

Du côté des Troyens

On trouve Apollon, le dieu à l'arc, et **Aphrodite**, bien sûr, qui défend Pâris ! Son amant Arès, le dieu de la guerre, la suit. Ils seront tous deux blessés par un héros grec, Diomède.

Du côté des Grecs

On trouve Athéna et **Héra** (qui n'ont pas pardonné à Pâris de les avoir dédaignées) ainsi que Poséidon et d'autres moins importants.

Aphrodite

Pointe de lance

Le cheval de Troie

Les héros troyens
Le roi Priam et sa femme Hécube ont cinquante fils et cinquante filles.
Les principaux fils sont Pâris et Hector, guerrier valeureux tué par Achille. Parmi les filles, Cassandre, douée du don de prophétie, fut condamnée par Apollon à n'être jamais crue. Devenue esclave d'Agamemnon, elle mourra assassinée avec lui, dès leur arrivée à Mycènes.

Les héros grecs
À côté de **Ménélas**, on trouve son frère, Agamemnon. Le héros le plus redoutable est **Achille**, que sa mère, Thétis, a rendu invulnérable – ou presque – en le plongeant dans les eaux du Styx.
Mais elle le tenait par le talon…
Il meurt donc d'une flèche au talon, tirée par Pâris. Avant cela, il aura vengé la mort de son ami Patrocle, tué par Hector.

Combat singulier entre Achille et Memnon

Retrouvailles d'Hélène et de Ménélas

La prise de Troie

“ Agamemnon m'apprit comment il avait été tué en traître au cours du banquet qui devait fêter son retour de Troie. ”

Derniers pièges

Après une rapide traversée, nous retrouvâmes l'île d'Aïaïé et Circé aux belles tresses. Elle nous fit préparer un doux festin pour nous réconforter. Le soir venu, quand nous fûmes seuls, elle me fit ses dernières recommandations pour la fin du voyage.

– D'abord tu croiseras les Sirènes. De leurs chants mélodieux, elles charment les humains. Mais celui qui les écoute jamais ne revient chez lui, et leur île est pleine de corps qui pourrissent, d'ossements qui blanchissent. Surtout, passe ton chemin et empêche tes hommes de les écouter : prends soin de boucher leurs oreilles avec de la cire. Quant à toi, tu peux les entendre si tu veux, mais fais-toi lier solidement au mât par tes compagnons. Après, ta route passe par deux écueils. Le premier, très élevé, a des parois lisses et glissantes. À mi-hauteur s'ouvre une grotte où demeure Scylla : elle aboie comme un chiot, mais c'est un monstre terrifiant. Elle a douze pieds minuscules et six cous très longs terminés par six têtes horribles. Chacune de ses six gueules s'ouvre sur trois rangées de dents acérées. Du fond de sa caverne, elle darde ses six cous et elle pêche ainsi tout ce qui passe à sa portée : dauphins, phoques ou tout autre monstre marin. Aucun navire n'est jamais passé par là sans dommage ! De ses six gueules, elle enlève six marins. C'est pourtant par là que tu dois aller, car l'autre écueil est plus dangereux encore. Il est plus bas, couronné par un superbe figuier. En dessous la divine Charybde engloutit l'eau noire en sifflant. Trois fois par jour elle la vomit, trois fois elle l'engloutit. Surtout sois loin de là quand elle engloutit, car elle avalerait ta nef tout entière ! Mieux vaut perdre six hommes que périr tous ensemble.

– Mais ne puis-je me dresser contre Scylla avec mes armes ?

– Malheureux, que crois-tu ? Que tu peux t'opposer à une Immortelle ? Non, tu ne peux rien contre ce fléau éternel, il vaut mieux ne pas perdre de temps et ne penser qu'à la fuite. Vous arriverez ensuite dans l'île de Thrinacie, où paissent les gras troupeaux du Soleil, vaches et brebis. Surtout n'y touchez pas, et le retour vous sera accordé. Sinon, malheur à vous ! Vous ne reverrez jamais Ithaque, sauf toi, peut-être, après de longues années, seul, sans nef ni amis, misérable.

Survint alors l'Aurore aux doigts de rose. Circé partit et j'allai réveiller mes compagnons. Nous embarquâmes, munis des provisions de la déesse et poussés par un bon vent.

Je prévins mes hommes du premier danger que nous allions rencontrer, et ils se laissèrent volontiers boucher les oreilles avec de la cire. Puis ils m'attachèrent au mât selon mes indications. Il était temps ! Déjà s'élevaient les voix des Sirènes qui m'appelaient :

– Viens, Ulysse, viens écouter nos doux chants. Nous savons les exploits accomplis, les souffrances endurées, à Troie et ailleurs. Viens, nous les chanterons pour toi !

Leurs voix étaient si mélodieuses que je cherchai à défaire mes liens. Mes compagnons, voyant cela, se précipitèrent pour les renforcer et les nouer plus serrés. Ce

n'est que bien plus tard, quand nous eûmes largement dépassé l'île des Sirènes, qu'ils ôtèrent la cire de leurs oreilles et consentirent à me détacher.

Tout de suite après, nous entendîmes un grand fracas et nous vîmes comme une brume au-dessus de hautes vagues. Les rames tombèrent des mains de mes hommes effrayés. Je les encourageai en leur rappelant tous les pièges dont je les avais sauvés. Puis j'indiquai au pilote la route à suivre : il devait s'écarter des vagues et de la brume, c'était Charybde qui venait de vomir et qui risquait de nous engloutir. Aux autres j'ordonnai de faire force rames pour dépasser au plus vite le haut rocher lisse. Mais je me gardai bien de leur parler de Scylla !

Je revêtis mes armes, malgré les paroles de Circé. Pauvre sot ! J'eus beau regarder de tous côtés, je ne vis rien. Mais Charybde à ce moment engloutit l'eau noire dans un terrible tourbillon. Tout le rocher était secoué, on en voyait l'intérieur. Mes compagnons, sanglotant, avaient les yeux fixés de ce côté. C'est le moment que choisit Scylla pour s'emparer de six hommes ! Ils se débattaient dans les terribles gueules, criaient, m'appelaient, mais que pouvais-je faire, avec mes armes, alors qu'ils étaient déjà tout en haut ? Le monstre les avala sur place, à l'entrée de sa grotte. Effroyable carnage, qui nous brisa le cœur.

Une fois passé le détroit, nous arrivâmes assez rapidement au large de l'île du Soleil. Quand j'entendis le mugissement des vaches, le bêlement des brebis, je voulus passer outre. Mais mes compagnons, et Euryloque à leur tête, réclamèrent un juste repos. Je ne pus le leur refuser, mais je pris soin de les avertir de la terrible menace qui pesait sur nous :

– Jurez-moi le plus grand des serments que vous ne toucherez pas aux troupeaux du Soleil, que vous vous contenterez des provisions données par Circé !

Ils jurèrent tous et l'on débarqua. Pendant la nuit, Zeus fit lever un terrible ouragan : nous tirâmes la nef au sec et nous installâmes sur l'île. Un mois durant, Notos souffla avec violence. Tant que nous eûmes des provisions, du pain et du vin, tout alla bien. Mais ensuite, quand mes hommes eurent le ventre vide, il leur fallut chasser ou pêcher ce qui passait à leur portée, et c'était peu ! Je m'éloignai alors sur une hauteur pour adresser aux dieux mes supplications. Je me lavai les mains et fis une prière. Mais les dieux m'envoyèrent le sommeil, et pendant ce temps Euryloque réunit mes compagnons :

– Quitte à mourir, autant ne pas mourir de faim ! Sacrifions donc aux Immortels les plus belles des vaches grasses que nous voyons ici. Quant au Soleil, si nous rentrons en Ithaque, nous lui construirons un temple splendide, où nous déposerons des offrandes riches et précieuses.

Tous applaudirent et se mirent en devoir de rassembler

les plus belles bêtes. Ils ornèrent leurs cornes avec le feuillage d'un chêne (ils n'avaient pas d'**orge blanche**), invoquèrent les dieux, puis ils égorgèrent les vaches, les dépecèrent, les découpèrent. Comme il n'y avait plus de vin, ils firent les libations avec de l'eau, brûlèrent les cuisses recouvertes de graisse, et mirent les viandes à griller sur des broches. C'est alors que je me réveillai. En approchant du navire, je sentis l'odeur des graisses rôties. Je crus que mon cœur allait exploser. Je fondis en larmes et implorai les dieux.

Orge blanche : la céréale consacrée pour le sacrifice. Ici, il ne se fait pas dans les formes habituelles.

Trop tard, hélas ! Le Soleil réclamait déjà vengeance auprès de Zeus, menaçant de ne plus luire dans les cieux

s'il n'obtenait satisfaction. Zeus lui promit d'anéantir ma nef et mon équipage d'un éclair de sa foudre. C'est Calypso qui me l'apprit bien plus tard, l'ayant elle-même appris d'Hermès.

Déjà les dieux nous envoyaient des signes : les vaches, toutes découpées qu'elles étaient, meuglaient sur les broches, leurs peaux se mettaient à marcher.

Cela n'empêcha pas mes hommes de banqueter pendant six jours, tant ils avaient tué de bétail. Le septième jour, Zeus apaisa les vents et les flots. On poussa à la hâte la nef à la mer et l'on embarqua. Mais la course fut brève !

Le ciel s'assombrit brusquement et Zéphyr déchaîné

arriva sur nous en hurlant. Une rafale rompit les étais du mât, qui s'écroula sur l'arrière. En tombant il fracassa le crâne du pilote, qui fut précipité à la mer. En même temps, Zeus tonnait et foudroyait la nef. Elle fut tellement secouée que tous les hommes se retrouvèrent à l'eau et disparurent bientôt de ma vue.

Je restai seul à bord jusqu'au moment où la coque fut brisée par une lame. Je réussis à attraper la quille qui flottait là, ainsi que le mât auquel pendait encore une courroie. Je fixai ensemble les deux éléments, je grimpai dessus à califourchon et je m'abandonnai aux vents de mort.

C'est alors que Zéphyr cessa de souffler, laissant place à Notos, qui me renvoya vers Charybde ! Au petit matin, j'arrivai aux deux écueils. À ce moment, Charybde engloutit l'eau salée, mais je me projetai en l'air et attrapai les branches du figuier, auxquelles je restai accroché comme une chauve-souris. J'attendis – fort longtemps ! – qu'elle vomisse, espérant récupérer quille et mât. Ils arrivèrent en effet, le soir, et je me laissai tomber dans l'eau. Je grimpai à nouveau dessus et je ramai avec mes mains. C'est sans doute la volonté de Zeus qui obscurcit la vue de Scylla, car elle m'aurait sûrement dévoré.

C'est ainsi que je voguai, neuf jours durant. Le dixième, j'échouai sur l'île d'Ogygie, au nombril de la mer. La nymphe Calypso m'accueillit avec amitié et me soigna. Elle voulait me rendre immortel et me garder auprès d'elle. Mais jamais je n'acceptai, jamais je n'oubliai Ithaque et les miens, jamais je ne renonçai au retour.

Il en fut ainsi durant sept années, mais la huitième, la déesse aux belles tresses changea d'avis. Elle m'aida à construire un solide radeau, elle le chargea de provisions, et me souffla un bon vent.

Je naviguai de longs jours, et j'approchais de vos rivages quand Poséidon me surprit et leva contre moi une terrible tempête. Mon radeau détruit, je réussis pourtant à gagner la terre à la nage : un dieu devait veiller sur moi ! Je m'endormis dans un bosquet : c'est là que la généreuse Nausicaa me découvrit, me prit en pitié et m'envoya me présenter au palais, devant vous.

La suite, vous la connaissez, nobles Phéaciens : c'est votre promesse de me ramener chez moi, en Ithaque.

LA MORT n'est pas une fin absolue : les esprits quittent les corps pour rejoindre les Enfers, domaine d'Hadès. Les rites funéraires permettent le passage d'un univers à l'autre.

Les funérailles

Les corps – après avoir été nettoyés, parfumés, parés – sont soit enterrés, soit brûlés sur un bûcher. Les funérailles sont un acte religieux, et elles s'accompagnent de libations et d'offrandes.

Les funérailles de Patrocle

Achille fait brûler le corps de son ami défunt avec celui de prisonniers troyens : c'est une des seules mentions de sacrifice humain en Grèce.

Les Enfers

Leur entrée est gardée par le terrifiant Cerbère, chien à trois têtes. Ils ont pour frontière l'Achéron. Les morts ne peuvent franchir ce fleuve que dans la barque de Charon. Ce dernier se fait payer pour son service, et l'on mettait pour cela une obole (pièce de monnaie) dans la bouche des morts.

Les funérailles de Patrocle

Sisyphe poussant son rocher

Puni pour l'éternité

Un secteur des Enfers est réservé aux grands criminels. Sisyphe, qui s'était opposé à la volonté de Zeus, fut condamné à pousser un énorme rocher jusqu'au sommet d'une montagne ; mais, arrivé là, le rocher dévalait aussitôt la pente et Sisyphe n'avait plus qu'à recommencer.

Charon dans sa barque, peinture de lécythe

Tombe d'Atrée à Mycènes

“ Malheureux, crois-tu que tu peux t'opposer à une Immortelle ? ”

Les tombes
Les sépultures vont de la simple fosse à la tombe à tholos, comme celle d'Atrée à Mycènes : une grande chambre circulaire, creusée sous terre, qui contenait un véritable trésor. Elles se signalent toutes par une stèle (pierre dressée portant une inscription) ou un lécythe (vase contenant de l'huile avec un décor en relation avec le mort), qui rappelle le disparu à la mémoire des vivants.

À l'intérieur des tombes
Les tombes renferment les objets, plus ou moins précieux, qui accompagnent le mort dans son dernier séjour : vases et bijoux, jouets pour les enfants, armes pour les guerriers.

Retour en Ithaque

Longtemps les Phéaciens restent silencieux, comme sous l'effet d'un charme. Puis Alcinoos prend la parole :

– Ulysse, sois sûr que la fin de tes errances est arrivée. Déjà la nef est prête, qui doit te ramener chez toi, et cinquante-deux rameurs ont été choisis parmi les meilleurs. Phéaciens, voici ce que je propose : demain, nous accompagnerons notre hôte jusqu'au port. Ses présents sont là, dans le coffre bien clos. Ajoutons-en de nouveaux : un **trépied** et une **aiguière** chacun. Et maintenant, faisons les dernières libations et allons nous coucher !

Le lendemain soir, après un dernier festin, après les derniers adieux, Ulysse voit arriver avec joie le moment du départ. On range soigneusement ses présents sous les bancs des rameurs. Lui-même s'installe à l'arrière, bien enveloppé dans une couverture et un drap de lin.

Trépied : vase à trois pieds (ici) ou siège à trois pieds.
Aiguière : vase avec anse et bec, généralement utilisé pour verser l'eau des ablutions.

La nef file sur la mer violette, aussi rapide qu'un faucon, tandis qu'Ulysse dort d'un sommeil proche de la mort. Quand se lève l'étoile du matin, la nef aborde en Ithaque, au port de Phorcys. Les marins déposent sur le sable Ulysse endormi et, non loin, sous un olivier, tous ses présents. Puis ils repartent pour leur pays.

Mais c'est compter sans la rancune de Poséidon. Furieux, ce dernier **pétrifie** la nef et ses rameurs en vue des côtes phéaciennes : c'est sa dernière vengeance. Dorénavant, les Phéaciens ne se mêleront plus d'escorter qui que ce soit !

À son réveil, Ulysse découvre avec émotion les paysages qu'il désirait revoir depuis si longtemps. Presque aussitôt arrive Athéna, sous la forme d'un jeune berger. Elle se fait reconnaître du héros, encouragé par cette présence rassurante. Ensemble, ils se préoccupent de mettre en lieu sûr les riches cadeaux, objets d'or et de bronze, vêtements de laine et de lin. Non loin de là se trouve la grotte des Nymphes : c'est là qu'ils cachent les trésors. La déesse clôt la grotte avec une grosse pierre, et ils s'asseyent sous l'olivier.

– Ulysse, fils de Laërte, réfléchis au moyen de te venger des prétendants, ces **impudents** qui, depuis trois ans, assiègent ta femme avec des présents et exigent d'elle – qui t'attend toujours, la malheureuse ! – qu'elle choisisse l'un d'entre eux pour époux. En attendant, ils passent leurs journées dans ton manoir à festoyer, dévorant tes troupeaux et les fruits de ta vigne et de tes champs. Certains ont même dressé une embuscade pour tuer ton fils Télémaque ! Mais rassure-

Pétrifier : changer en pierre.
Impudent : sans honte, qui ne craint pas le châtiment.

toi, je lui ai inspiré l'envie d'aller chez les rois grecs **s'enquérir** de toi. Maintenant il est à Sparte, chez Ménélas, le valeureux Atride.

S'enquérir : demander des renseignements, mener une enquête.

– Ah, je vois bien que, si tu ne m'avais pas prévenu, j'aurais connu moi aussi le sort d'Agamemnon, et je serais mort dès mon retour ! Donne-moi force et ardeur, déesse, comme à Troie, et si tu te tiens à mes côtés, je les combattrai tous !

– Certes, je serai à tes côtés, mais je vais d'abord te rendre méconnaissable. Je vais te vieillir, te revêtir de haillons, de sorte que tu paraisses affreux. Puis tu iras trouver le porcher Eumée, qui t'est resté fidèle.

Ainsi qu'elle l'a dit, la déesse avisée flétrit sa belle peau, lui ôte ses cheveux blonds, rougit ses yeux, le recouvre d'une tunique crasseuse et d'une peau de biche pelée. Elle lui met en main un bâton, un sac tout déchiré, et elle le quitte. Elle-même s'envole à Sparte pour hâter le retour de Télémaque.

Ulysse se dirige vers le domaine d'Eumée : douze porcheries, chacune abritant cinquante truies et leurs petits. Les mâles sont moins nombreux : il ne se passe pas un jour sans que les prétendants n'en réclament un pour le sacrifier et s'en régaler. Eumée est seul avec quatre chiens. Quand Ulysse s'approche, ceux-ci accourent en aboyant, mais Eumée les retient et accueille le faux vieillard avec des paroles douces comme le miel :

– Entre, étranger, que je t'offre de quoi te rassasier. Étrangers et mendiants, tous viennent de Zeus et aucun ne doit être méprisé.

– Que les dieux t'accordent ce que tu désires, pour m'accueillir de si bon cœur !

Eumée sort de sa cabane et va chercher deux porcelets qu'il emporte pour les sacrifier. Puis il les découpe, les embroche, les met à rôtir et les sert. Avec cela, il apporte dans un cratère du vin doux coupé d'eau et enfin s'assied face à Ulysse. Tout en mangeant, il dresse pour son hôte le noir tableau de la situation, que ce dernier connaît déjà, grâce à Athéna.

– Au lieu de rentrer chez eux et de faire leur cour selon les règles, ces jeunes impudents s'installent à demeure et auront bientôt mangé toutes les ressources de mon maître. Il y en avait quantité pourtant ! Douze troupeaux de bœufs, autant de porcs, de moutons, autant de chèvres ! Sans compter tout le vin qu'ils boivent !

– Qui est ce maître si fort et si riche ? Peut-être dans mes vagabondages ai-je entendu parler de lui ? Peut-être pourrais-je t'en donner des nouvelles ?

– Ne cherche pas, étranger, à obtenir quelque cadeau, tunique ou manteau, en récompense d'informations mensongères. Tu donnerais à ma maîtresse, Pénélope, de faux espoirs et augmenterais son chagrin ! Mon maître, c'était Ulysse, le valeureux fils de Laërte. Aujourd'hui, ses chairs ont sûrement été dévorées par les chiens et les vautours, ou peut-être par les poissons de la vaste mer. Maintenant, ses os blanchissent sur quelque rivage inconnu...

– Ulysse, dis-tu ? Mais si c'est Ulysse, il reviendra, j'en fais le serment ! J'ai vu de mes yeux la nef qui devait le ramener bientôt ici. Lui-même était allé consulter le **chêne de Dodone**, et je suis reparti trop tôt pour le voir en personne. J'étais alors chez le roi des **Thesprotes**, qui m'avait accueilli au retour de mon voyage en Crète et en Égypte ! Pour te montrer ma bonne foi, je n'accepterai aucune récompense avant son retour, mais j'espère qu'alors elle sera belle !

Eumée est ébranlé, il a tant envie de croire le mendiant ! Et comme les autres porchers sont de retour avec les truies, il n'hésite pas cette fois à sacrifier un beau porc aux dents blanches, âgé de cinq ans. Après un vrai festin, les hommes se couchent et Eumée offre à Ulysse une place de choix, tout près du feu.

Chêne de Dodone : oracle de Zeus. Une prêtresse interprétait le bruissement du feuillage pour prédire l'avenir.

Thesprotes : peuple du nord-ouest de la Grèce.

Pendant ce temps, Athéna aux yeux de chouette accompagne Télémaque sur la nef qui le ramène en Ithaque. Il revient de Sparte, la ville de Ménélas et de sa belle épouse, la sage Hélène. Il en rapporte des présents somptueux, or, argent et toile fine, que ces derniers ont eux-mêmes reçus des rois d'**Égypte et de Sidon**. De son voyage, le noble Télémaque rapporte surtout l'espoir de revoir son père : Ménélas lui a affirmé que le valeureux Ulysse était vivant, quelque part au loin, et qu'il reviendrait bientôt !

Égypte et Sidon : Ménélas est rentré de Troie à Sparte après un long voyage qui l'a mené dans tous les pays du sud-est de la Méditerranée.

Quand paraît l'Aurore aux doigts de rose, la nef aborde. Télémaque laisse ses compagnons regagner le manoir. Lui-même préfère passer par les champs et les prairies. Il arrive ainsi chez le fidèle Eumée.

Lorsque celui-ci le voit arriver, il ne peut retenir ses larmes et l'embrasse longuement. Ulysse, de son côté, a du mal à maîtriser son émotion : il a reconnu son fils ! Mais, comme le ferait un mendiant (il en a toujours l'apparence), il se lève pour céder sa place au nouvel arrivant. Celui-ci l'en empêche :

– Reste assis, vieillard, je trouverai bien un autre siège. L'étranger n'a pas l'air fortuné, Eumée : dès mon retour au manoir, j'enverrai pour lui une tunique et un manteau, afin de le couvrir plus dignement. Quelles sont les nouvelles depuis mon départ ? Trouverai-je ma mère au manoir, ou a-t-elle pris nouvel époux ?

– Ta mère, mon enfant, pleure toujours au palais, et toujours les prétendants odieux l'y assiègent.

– Ah, si j'avais la force de les chasser ! Mais ils profitent de ma jeunesse, de ma faiblesse, les maudits ! Allons,

oublions cela, je verrai plus tard comment regagner le manoir sans risque.

Pendant le repas, Ulysse brode mensonge sur mensonge : il ne veut pas se dévoiler encore et attend qu'Eumée sorte un instant de la cabane. Alors, sur un signe d'Athéna visible de lui seul, il révèle à Télémaque qui il est. En même temps, la déesse rajeunit le héros, lui rend sa force et sa prestance. Subjugué par ce père à l'allure divine, le jeune homme tombe dans ses bras et les deux hommes s'étreignent longuement, retenant leurs larmes à grand-peine.

Plus tard, Télémaque envoie Eumée auprès de sa mère, la sage Pénélope, pour la rassurer sur son sort. Quand il s'est éloigné, père et fils se consultent :

– Maintenant que nous sommes ensemble, nous allons pouvoir débarrasser le palais de tous ces insolents et nous venger de leur impudence !

– Père, je sais quel valeureux guerrier tu es, mais les prétendants ne sont pas dix, ni vingt ! Ils viennent de toutes les îles avoisinantes, Doulichion, Samé, Zacynthe, d'Ithaque même. Ils sont plus de cent, tous nobles et habiles à manier les armes !

– Nous avons Athéna et Zeus pour alliés, cela te suffira-t-il ? Ne t'inquiète pas plus longtemps. Rends-toi bientôt au manoir. Eumée m'y amènera ensuite, sous l'aspect du mendiant que tu as vu tantôt. Quoi que fassent les prétendants à mon encontre, maîtrise-toi, ne manifeste pas de courroux. Mais tiens-toi prêt : quand je te ferai signe, ôte de la grand-salle toutes les armes qui s'y trouvent, sauf deux épées, deux piques, deux boucliers que tu laisseras pour nous. Et surtout, si tu es bien mon fils, garde-toi de révéler mon retour à quiconque !

LE MONDE CONNU DES GRECS, depuis les origines, ne se limite pas à la Grèce proprement dite. Dès l'époque mycénienne (XVe siècle av. J.-C.), les Grecs franchissent les mers, que ce soit pour des raisons commerciales, économiques ou démographiques.

Autour de la mer Égée
La première civilisation grecque, dite **mycénienne,** s'étend déjà au-delà de la **mer Égée**. On trouve d'importants sites mycéniens en **Crète**, à **Rhodes**, sur la **côte ionienne**. Les «trésors» contenus dans les tombes comportent des objets précieux venus de très loin : Baltique, Égypte ou Proche-Orient.

L'inconnu
À l'ouest s'étend un monde mal connu, effrayant. L'Océan qui en marque les limites est un grand fleuve circulaire, infranchissable (sauf pour les morts).

La colonisation
Du VIIIe au VIe siècle, les Grecs, poussés par le besoin de terres agricoles et de minerais, fondent de nouvelles colonies sur la **côte ionienne,** en **Sicile** et en **Italie du Sud** (la Grande-Grèce), autour de la mer Noire, en **Gaule** et en Afrique.

Le monde d'Ulysse
Ulysse connaît bien les côtes de la mer Égée (**Troie** se trouve en Ionie), la **Crète**, les **Phéniciens**. Il connaît aussi les **Égyptiens**, mais peut-être moins bien puisqu'il en fait des magiciens. Enfin, il a certainement entendu parler des Éthiopiens d'Afrique à la peau noire, mais il les imagine comme des êtres fabuleux festoyant avec les dieux !

Monnaie grecque trouvée à Marseille

Temple d'Athéna à Paestum (près de Naples)

“Ulysse, sois sûr que la fin de tes errances est arrivée. Déjà la nef est prête, qui doit te ramener chez toi.”

Les nouvelles cités
Elles sont vraiment grecques, avec leur port, leur centre politique et religieux (culte importé de la cité-mère), et leur territoire agricole. Leurs habitants participent aux jeux Panhelléniques. Elles ont donné naissance à des Grecs célèbres : Archimède (**Syracuse,** en Sicile), Thalès (**Milet,** en Ionie).

Acropole d’Athènes

Porte des Lionnes à Mycènes

Amphithéâtre d’Éphèse

Statue de Ptolémée à Alexandrie

Au manoir

Au retour d'Eumée, Ulysse est à nouveau un vieux mendiant. Le porcher rassure Télémaque : il a vu sa mère, la sage Pénélope, et l'a avertie de son retour. Il a vu aussi, entrant au port, une nef. Ce pourrait bien être celle des prétendants qui rentrent bredouilles de leur embuscade ! Télémaque s'en réjouit et sourit à son père. Avant de partir il ordonne à Eumée de conduire le mendiant en ville : il y trouvera plus facilement sa **pitance** !

– Dès que j'aurai réchauffé mes vieux os près du feu, je ferai comme tu l'as dit, répond Ulysse.

Télémaque noue ses sandales, prend en main son bon javelot et part d'un pied léger retrouver sa mère et la rassurer.

Pendant ce temps, au port, les prétendants **fulminent** : Télémaque leur a échappé. Pourtant, ils guettaient à tour de rôle depuis tant de jours !

– Sûrement est-ce un dieu qui l'a guidé, pour qu'il réussisse ainsi à rentrer sain et sauf ! Il finira par nous renvoyer chez nous si nous n'y prenons pas garde !

Pitance : de quoi se nourrir.
Fulminer : laisser éclater sa colère.

Il ne leur reste qu'à retourner au manoir d'Ulysse poursuivre leurs festins.

Pendant ce temps, Télémaque a atteint le palais. C'est Euryclée, la vieille nourrice, qui le voit la première, et le serre dans ses bras en pleurant. Les autres servantes l'entourent, lui embrassent la tête, les épaules. Pénélope sort alors de sa chambre, aussi belle qu'une déesse. Après de douces larmes et de tendres caresses, Télémaque lui raconte ses voyages et, surtout, lui rapporte les propos de Ménélas.

– Mère chérie, non seulement j'ai échappé à la mort que me réservaient ces odieux prétendants, mais je t'apporte l'assurance que le valeureux Ulysse, ton époux et mon père, est en vie et ne devrait pas tarder à revenir : nous saurons bien alors tirer vengeance de ces **impies** !

Impie : celui qui n'a pas de religion ou qui offense la religion.

– Que Zeus et tous les dieux t'entendent, mon enfant, ma lumière !

Ulysse s'est déjà mis en chemin avec Eumée. Près du mur du palais, il remarque un chien, couché sur le fumier. Celui-ci lève la tête et dresse les oreilles : c'est Argos, le chien qu'il a nourri avant de partir pour Troie. D'autres que lui l'ont emmené chasser le lièvre ou le daim. Maintenant qu'il est vieux, il gît abandonné, méprisé, plein de tiques. À l'approche d'Ulysse, il remue la queue mais ne peut faire davantage. Ulysse se détourne pour cacher ses larmes à Eumée. Quand il pose à nouveau son regard sur Argos,

celui-ci gît sans vie : vingt ans, il a attendu le retour de son maître pour mourir.

Les deux hommes sont maintenant à l'entrée du palais et se séparent : Eumée rejoint Télémaque à une table ; à son tour Ulysse entre et va s'asseoir sur le seuil, adossé à la porte. Son fils l'aperçoit aussitôt, et envoie un **héraut** lui porter une miche entière de pain et une grosse part de viande, autant que ses mains peuvent contenir. Il l'invite aussi à mendier sans honte auprès des prétendants et du devin assis en leur compagnie. Ulysse le remercie et mange tant que chante l'aède.

Héraut : homme souvent noble, chargé surtout des messages à caractère sacré (guerre et paix, notamment).

Puis il se lève et s'avance au milieu des convives, la main tendue. Tous sont ébahis et se demandent d'où sort ce nouveau venu. Assis parmi eux, le chevrier Mélanthios explique qu'il l'a vu sur le chemin en compagnie d'Eumée. Cela suffit pour qu'Antinoos, le plus effronté des prétendants, cherche querelle au porcher, qui ne craint pas, dit-il, d'amener la pire vermine au palais. Télémaque prend la défense d'Eumée, pendant qu'Ulysse effectue sans sourciller le tour de la grand-salle en remplissant son sac des victuailles que tous lui offrent. Quand il arrive devant Antinoos, celui-ci, rendu furieux par la dispute, se saisit d'un tabouret et le lui lance à l'épaule. Ulysse ne bouge pas et ravale sa colère. Mais ce sont les autres prétendants qui s'indignent :

– Quelle méchante action, Antinoos ! Et si ce vagabond inconnu est un dieu descendu du ciel pour s'enquérir des hommes et de leur piété ? Alors tu es perdu !

Le jeune impudent **n'a cure** de ces remontrances. Télémaque, lui, n'a pas bougé. Mais il souffre du coup porté à son père et rumine la vengeance au fond de son cœur.

La sage Pénélope a appris ce qui vient de se passer. Elle fait venir Eumée et lui demande de lui amener l'étranger : il la distraira par ses récits, et pourra peut-être lui donner des nouvelles d'Ulysse ! La reine se laisse aller à rêver du retour de son époux et du terrible châtiment qu'il infligerait sûrement aux odieux prétendants... À ce moment précis Télémaque éternue si fort que le fracas en retentit dans toute la maison. Pénélope éclate de rire, toute joyeuse de cet heureux **présage** :

– Va vite, Eumée ! Je suis sûre maintenant que tous ces jeunes insolents trouveront la mort en punition de leurs méfaits !

N'avoir cure : ne pas se soucier.
Présage : l'éternuement vient confirmer le souhait de Pénélope.

Mais il lui faudra patienter car Ulysse refuse de venir tout de suite, par crainte, dit-il, de traverser la salle au milieu des prétendants. Il verra la reine au coucher du soleil.

Le soir venu, quand les prétendants ont épuisé les plaisirs de la danse et des chants, puis ceux de la table, ils s'éloignent enfin et le silence revient dans le manoir.

Le temps est venu : Ulysse et Télémaque retirent les armes accrochées dans la grand-salle, et les cachent dans une chambre, à l'insu de tous.

Puis Ulysse attend la venue de Pénélope. Elle descend et s'installe dans un large fauteuil près du feu. Elle fait apporter par l'intendante Eurynomé un beau siège pour Ulysse et entreprend de l'interroger, mais lui refuse de parler de ses propres malheurs : il y en a trop ! La sage Pénélope lui répond :

– Moi-même, j'ai tout perdu, joie et beauté, le jour où Ulysse embarqua pour Troie. Ah, s'il revenait !... Aujourd'hui je vis dans la peine, assiégée par tous ces jeunes gens qui me courtisent bien malgré moi. Depuis longtemps, ils me pressent de me marier, et moi, pour leur échapper, j'ai imaginé une ruse, inspirée par quelque dieu. Je fis dresser un grand métier, sur lequel je commençai à tisser une large toile fine. Je prévins les prétendants que je ne me marierais pas avant de l'avoir terminée. C'était un

linceul destiné à Laërte, le père de mon époux, quand il mourrait. Ils acceptèrent sans murmurer. Chaque jour je m'asseyais à mon métier et je tissais ma toile. Mais chaque nuit, à la lueur des torches, je défaisais le travail de la journée. Je réussis à tromper tout le monde pendant trois ans. Mais un jour – ou plutôt une nuit – les prétendants, avertis par des servantes infidèles, me prirent sur le fait. Il me fallut renoncer, achever ma toile. À présent, je ne puis échapper au mariage !

Linceul : toile dont on enveloppe les morts avant de les enterrer.

Ulysse se réjouit de trouver son épouse si belle et si fidèle, si rusée aussi. Mais il doit encore lui cacher la vérité. Il lui fait le récit mensonger de sa prétendue rencontre avec Ulysse. Pénélope sanglote en l'écoutant et le héros s'apitoie dans le secret de son cœur, mais n'en montre rien. Une fois apaisée, la prudente reine met à l'épreuve le mendiant :

– Si ton récit est véridique, donne-moi quelque détail qui me le prouve !

Ulysse aussitôt lui décrit son ami, le héraut Eurybatès, reconnaissable entre tous à sa peau noire et à ses cheveux crépus. Cette évocation fait à nouveau couler les larmes de Pénélope. Alors il répète le mensonge fait à Eumée, et assure la reine du prochain retour de son époux. Celle-ci n'est guère convaincue, mais elle tient à honorer celui qui a connu Ulysse. Aussi appelle-t-elle Euryclée, la vieille nourrice, pour qu'elle baigne l'hôte et le revête de toile fine et douce. La fidèle vieille s'empresse auprès du mendiant. Peut-être son maître a-t-il les mains et les pieds dans le même état que ce vagabond ! Elle en a les larmes aux yeux. D'ailleurs, elle lui trouve une étrange ressemblance avec son maître disparu... Sans s'attarder, elle va chercher le chaudron pour lui laver les pieds. Un pressentiment pousse Ulysse à se détourner de la lumière du foyer : il craint qu'Euryclée ne reconnaisse une cicatrice qui marque sa cuisse. Mais en vain ! Dès que la nourrice la touche en le lavant, elle la reconnaît. D'émotion, elle lâche la jambe d'Ulysse. Celle-ci retombe dans le chaudron qui, déséquilibré, vacille et se renverse à grand bruit en répandant au sol toute son eau.

– Assurément, tu es Ulysse, mon enfant ! Mes mains t'ont reconnu !

Elle veut prévenir Pénélope, mais Athéna veille et détourne l'attention de la reine. Ulysse, à voix basse, lui recommande le silence :

– Veux-tu me perdre, petite mère ? J'ai besoin du secret pour mener à bien ma vengeance contre les prétendants et les traîtres. Tais-toi !

Euryclée s'incline et masque la joie qui lui emplit le cœur. Elle retourne chercher de l'eau et achève de le laver et de l'habiller.

Près du feu, Ulysse retrouve Pénélope songeuse :

– Je te l'ai dit, mon hôte, je ne puis retarder davantage

mon mariage. Aussi, pour choisir celui qui sera mon époux, vais-je proposer une compétition. Ulysse a laissé dans ce palais son arc, terriblement difficile à bander, et douze haches. Autrefois, il les dressait en enfilade et les traversait, en tirant d'assez loin, d'une seule flèche. Celui des prétendants qui réussira cet exploit sera mon époux, dès demain.

– Reine, tu peux préparer cette épreuve. Je suis sûr qu'avant la fin, Ulysse aura regagné sa demeure.

– Ces paroles sont douces à entendre, étranger. Mais j'ai peine à y croire ! Fassent les dieux que tu aies raison ! Séparons-nous maintenant, il est temps d'aller dormir.

Pénélope remonte à l'étage avec ses suivantes, et pleure longtemps Ulysse, son époux, jusqu'à ce qu'Athéna verse sur ses yeux un doux sommeil.

Esclave à la fontaine

LES FEMMES, maîtresses ou servantes, sortent peu du gynécée, l'appartement qui leur est réservé à l'étage de la maison. Elles n'ont pas vraiment droit à la parole, mais elles ont la charge du foyer. Leur fonction essentielle, dans le mariage, est de faire des enfants.

Le mariage
Les femmes ne sont jamais «majeures» : elles dépendent de leur père dans leur jeunesse et, dès qu'elles se marient (très jeunes), elles dépendent de leur époux.

Les déesses
Artémis accompagne les jeunes filles jusqu'au mariage ; Héra protège la mariée ; Déméter lui garantit la fécondité ; Athéna préside à ses travaux. Et Aphrodite ? Déesse de la beauté et de l'amour, elle a le plus beau rôle !

Artémis

Lis

Les vêtements
Les femmes portent de longues tuniques drapées, colorées ou non. Certains tissus, très fins, voilent le corps sans le cacher complètement. Les cheveux sont le plus souvent ramassés en chignon.

Les soins du corps
Elles enduisent d'huile d'olive leur corps pour assouplir leur peau, et leurs cheveux pour les rendre brillants. Cette huile est souvent parfumée d'essences de **fleurs** et de plantes odorantes. Les fards sont très simples : du noir pour les yeux, du rouge pour les lèvres, du blanc pour le visage.

Les travaux
La femme est chargée de l'éducation des très jeunes enfants (jusqu'à 7 ans) et du soin des richesses domestiques. C'est elle qui sait ce que contiennent **les coffres**, c'est elle qui **file la laine** et tisse la toile. Elle organise aussi le **travail des esclaves**.

Jeune femme rangeant des vêtements dans un coffre

Femme filant

« Ulysse se réjouit de trouver son épouse si belle et si fidèle, si rusée aussi. »

Collier et fibule

Les bijoux
Ils sont de toutes sortes : **colliers, fibules** (agrafes pour fermer tuniques et manteaux), pendants d'oreilles. Ils sont faits d'or ou d'argent et de pierres précieuses.

Vengeance et retrouvailles

À peine l'Aurore aux doigts de rose a-t-elle paru que la maisonnée s'active. Bientôt Ulysse voit venir Eumée amenant trois porcs gras pour le prochain festin. Ensuite arrive Mélanthios avec ses plus belles chèvres. Lui prend soin des prétendants, mais se montre insultant avec le mendiant.

Plus tard, quand tous sont réunis dans la grand-salle, Télémaque installe son père à une table et demande aux prétendants de se tenir avec décence. Cette déclaration provoque chez eux un fou rire qu'ils ne peuvent maîtriser.

Or leurs visages apparaissent non pas riants, mais grimaçants, couverts de sang et de larmes. Le devin assis auprès d'eux se lève épouvanté :

– Malheureux, que vous arrive-t-il ? Je vous vois couverts de nuit, les murs et les poutres sont éclaboussés de sang, des fantômes envahissent la maison ! La mort est sur vous !

Les prétendants, aveuglés par Athéna, rient de plus belle. Le devin, fuyant le désastre imminent, quitte le manoir.

Dans la salle aux trésors, entre cent autres pièces, se trouve l'arc au dos bien tendu que jadis Ulysse reçut en cadeau. Il ne l'a jamais emporté à la guerre, et l'arc est toujours là, à côté du **carquois** plein de flèches.

Carquois : étui où sont rangées les flèches.

Pénélope s'en empare en pleurant, tandis que les servantes ont saisi le lourd coffre plein des armes qu'Ulysse utilisait dans les compétitions.

Arrivée dans la grand-salle, la reine prend la parole :

– Prétendants, vous attendez pour quitter ce manoir que je me décide à choisir parmi vous un époux. Eh bien, le temps est venu. Celui d'entre vous qui réussira, avec l'arc du divin Ulysse, à traverser d'une seule flèche les douze haches que voici, celui-là sera mon époux et je le suivrai dans sa haute demeure.

Elle donne à Eumée l'arc pour qu'il le propose aux prétendants. Télémaque prend les haches et commence à les aligner à terre. Antinoos, malgré son impatience, propose aux autres de tirer à tour de rôle.

Le premier à essayer est Léïodès. Or il a beau y mettre toutes ses forces, il ne peut bander l'arc ! Il se retire découragé, mais Antinoos ne se résigne pas et ordonne à Mélanthios d'allumer du feu, puis d'apporter du suif.

– Ainsi, dit-il, à force de chauffer et de graisser l'arc, l'un de nous réussira bien à le tendre.

En vain ! Les jeunes gens peuvent bien chauffer l'arc, le graisser, aucun ne parvient à le bander. Seuls les chefs, Antinoos et Eurymaque, n'ont pas encore essayé.

Bouvier : celui qui garde les bœufs.

Ulysse entre-temps est sorti et a rejoint Eumée et son ami Philétios, le **bouvier**.

– Amis, j'ai à vous parler. Si un dieu ramenait Ulysse,

que feriez-vous ? Prendriez-vous sa défense, ou celle des prétendants ?

– Lui ? Fassent les dieux qu'il soit ici ! On verrait quelle force nous anime !

– Eh bien, il est en Ithaque : c'est moi, qui suis là devant vous !

Et Ulysse montre la grande cicatrice dont tout le monde connaît l'existence. Le porcher et le bouvier l'examinent attentivement avant de tomber dans ses bras. Les embrassades s'éterniseraient, si leur maître ne les interrompait pour donner ses ordres. Eumée lui apportera l'arc quand il le demandera, puis retiendra les femmes dans l'appartement. Philétios, de son côté, ira fermer solidement les portes de la cour.

Quand le faux mendiant rentre dans la salle, Eurymaque, l'arc en main, tente de le bander : en vain. La honte l'étreint, d'être à ce point inférieur à Ulysse ! Antinoos le réconforte et propose de continuer l'épreuve après le festin.

C'est alors que le mendiant se lève et demande à éprouver sa force ! Antinoos et Eurymaque réagissent violemment, mais Pénélope intervient. Bien sûr, s'il réussit l'épreuve, l'étranger ne l'emmènera pas comme épouse, mais il gagnera, outre une tunique et un manteau, un javelot et un glaive. Télémaque l'approuve mais, avec une autorité nouvelle, il demande à sa mère de regagner son appartement.

Tandis qu'elle s'exécute, Eumée apporte l'arc à Ulysse. Puis, sortant de la salle, il transmet à Euryclée l'ordre d'enfermer soigneusement toutes les servantes à l'étage. De son côté Philétios assure avec une lourde barre la porte de la cour puis revient s'asseoir.

Ulysse, debout, retourne l'arc en tous sens, sous les moqueries de l'assistance. Quand il s'est assuré de son état, sans peine il le tend et y ajuste la corde qu'il fait vibrer. Les jeunes gens se regardent, pris soudain d'angoisse. Zeus fait alors retentir le tonnerre. Ulysse, heureux de ce présage, saisit une flèche, vise, et sans faillir, traverse toutes les haches de part en part.

Il se tourne alors vers Télémaque.

– Allons, il est temps maintenant de préparer le festin !

Télémaque ceint son glaive et saisit son javelot. Quant à Ulysse, débarrassé de ses haillons, il bondit jusqu'au seuil avec l'arc et le carquois plein.

– Il est un autre but que je souhaitais atteindre !

Sur ce, il vise Antinoos, qui justement lève sa coupe d'or. La flèche le frappe au cou, faisant jaillir un épais jet de sang. Il s'écroule en laissant échapper sa coupe qui roule au sol, mêlant le vin au sang.

Les jeunes gens mènent grand tumulte et cherchent en vain des armes. Ils insultent d'abord le mendiant, pensant qu'il a agi par maladresse. Ils n'ont pas encore compris, les pauvres sots, que leur sort à tous est fixé !

Mais Ulysse les détrompe :

– Ah ! chiens ! Vous ne pensiez pas qu'Ulysse pouvait encore revenir ! Vous n'aviez nul respect pour ma demeure et pour les miens ! Mais votre perte est maintenant assurée !

Verts de peur, les prétendants cherchent une issue. Seul Eurymaque fait face :

– Si tu es vraiment Ulysse, tu as de quoi te plaindre de nous. Mais le chef, celui qui était prêt même à tuer ton fils pour régner sur Ithaque, c'était Antinoos. Maintenant qu'il est mort, sois clément : nous t'apporterons chacun, pour compenser tout ce que nous t'avons mangé, le prix de vingt bœufs, plus même si tu le désires.

– Vous pouvez m'offrir tous les biens de vos pères, cela

n'empêchera rien : vous paierez pour tous vos excès. Fuyez ou battez-vous, aujourd'hui vous n'échapperez pas à la mort !

Eurymaque alors tire son épée et bondit sur lui en hurlant. Mais une flèche l'atteint à la poitrine, et il retombe, un brouillard devant les yeux. À son tour Amphinomos affronte Ulysse. Télémaque le frappe par-derrière et il tombe face contre terre, le javelot fiché entre les deux épaules. Puis, pendant qu'Ulysse fait pleuvoir les flèches depuis le seuil, son fils va à la réserve chercher des armes. À son retour, tous deux s'équipent, ainsi que les fidèles serviteurs : ils sont maintenant redoutables !

Mais Mélanthios a compris que les armes se trouvent à l'intérieur. Or, c'est la porte extérieure que garde Ulysse. Le chevrier, passant par un couloir dérobé, rapporte aux prétendants de quoi s'équiper ! Le héros pâlit à cette vue. Désormais armés, ses ennemis se regroupent et envoient tous ensemble leurs javelines. Heureusement Athéna veille et les détourne toutes. Au tour d'Ulysse et de ses compagnons de lancer les leurs : chacune atteint son but !

Les prétendants s'éparpillent alors à travers la salle, cherchant à échapper aux coups qui pleuvent sur eux. Certains se jettent aux pieds d'Ulysse, implorant sa clémence : en vain ! Il les tue tous. Seuls l'aède et le héraut, étrangers aux excès des prétendants, trouvent grâce aux yeux d'Ulysse. Tous les autres sont sortis de leurs cachettes et achevés.

Ils gisent dans la poussière et dans le sang, les uns sur les autres, tels des poissons pris au filet.

Après avoir contemplé son œuvre, Ulysse fait venir Euryclée. Celle-ci, à la vue des prétendants morts, va crier de joie, mais son maître l'en empêche :

– Silence ! Il est impie de se réjouir de leur sort : le destin les a tués. Va plutôt me chercher les servantes infidèles pour ôter les corps et nettoyer la salle. Après seulement, tu préviendras Pénélope et ses compagnes.

Une fois le travail terminé, Euryclée, tout heureuse, monte annoncer la bonne nouvelle. Les fidèles suivantes sortent des appartements et se précipitent pour embrasser Ulysse et lui souhaiter la bienvenue. Lui, gagné par l'émotion, les reconnaît toutes.

À l'étage, la nourrice secoue Pénélope :

– Réveille-toi ! Tes vœux sont exaucés ! Ulysse est ici ! Il a tué les prétendants !

Mais la sage Pénélope n'arrive pas à croire la vieille :

– Les dieux t'ont rendue folle ! Comment serait-ce possible ? Lui, un homme seul, aurait tué cette multitude ? Allons, même si les prétendants ont été tués, ce ne peut être l'œuvre d'un humain, mais celle d'un dieu irrité par leurs infamies. Ulysse est mort et son corps gît au loin !

– Comment peux-tu parler ainsi ? Je te dis que c'est lui qui m'a envoyée te prévenir ! Moi-même, c'est en le lavant hier soir que je l'ai reconnu grâce à la grande cicatrice qui marque sa cuisse. Descends ! C'est bien lui !

Pénélope se lève, mais elle est encore indécise : les dieux se sont tellement joués d'elle ! Elle découvre Ulysse, près du feu, les yeux fixés au sol. Elle s'assied en face de lui dans la lumière et ne dit mot. Télémaque s'irrite de ce silence :

– Mère, ma mère au cœur dur, comment peux-tu rester loin d'un mari qui te revient après un si long temps d'absence, si longtemps d'errance !

– Mon enfant, je suis encore étourdie. S'il est bien Ulysse, nous nous reconnaîtrons, car nous avons des secrets entre nous, des signes...

Ulysse sourit de cette réponse et calme Télémaque :

– Comment veux-tu que ta mère me reconnaisse, crasseux comme je suis ? Laisse-la me mettre à l'épreuve...

L'intendante Eurynomé a compris et prépare de quoi baigner son maître. Quand il est propre et bien frotté d'huile, elle lui apporte tunique fine et beau manteau. Athéna verse sur lui la beauté à flots : sa chevelure coule en épaisses boucles blondes, il paraît plus grand, plus fort, en tout semblable à un Immortel.

C'est ainsi qu'il revient vers son épouse :

– En vérité tu as un cœur de pierre pour rester encore loin de moi, après un si long temps d'absence, si longtemps d'errance. Tant pis ! Petite mère, étends un lit que j'aille me coucher !

– Non, tu te trompes, je te reconnais ! Allons, Euryclée, étends-lui son lit hors de la chambre et garnis-le de toisons laineuses, de couvertures et de draps chatoyants.

Elle cherche à l'éprouver, et Ulysse est très ému :

– Que dis-tu ? On pourrait déplacer mon lit ? Mais c'est impossible ! C'est moi qui l'ai construit, en même temps que la maison ! Cette maison, je l'ai bâtie autour d'un jeune olivier qui s'épanouissait au milieu de la cour. Après avoir coupé les branches chevelues, j'ai taillé et poli le tronc jusqu'à la racine, et c'est cette souche qui a servi de base à mon lit. Comprends-tu ? Si on peut aujourd'hui le déplacer, c'est qu'on a découpé la souche ! Qu'en est-il exactement, femme ?

Ces paroles ont enfin raison des doutes de Pénélope : c'est bien Ulysse qui se tient devant elle, lui seul peut connaître ces détails ! Elle s'est levée d'un bond et court se jeter dans ses bras :

– Ne m'en veux pas, Ulysse, toi qui es si sage. Tu sais combien les hommes, les dieux mêmes sont trompeurs. Il me fallait une preuve certaine avant de me laisser aller à la joie qui me submerge maintenant.

Ulysse sent monter ses larmes et il serre sa femme contre lui. Elle-même ne peut se détacher de lui, et ils seraient restés ainsi jusqu'au jour si Athéna n'était intervenue.

Elle retient la nuit au bord du ciel et l'allonge. Elle arrête aussi l'Aurore et l'empêche d'atteler ses coursiers. Ulysse et Pénélope auront ainsi tout le temps de se retrouver.

Dès que les servantes ont préparé le grand lit, les époux rejoignent leur chambre et goûtent longuement les douces joies de l'amour. Puis chacun fait à l'autre le récit des épreuves qu'il a subies. Leurs paupières se sont enfin fermées et ils dorment d'un doux sommeil.

Plus tard seulement Athéna libère l'Aurore, qu'elle rende aux hommes la lumière du jour.

Des aèdes aux poètes tragiques, les anciens Grecs ont toujours chanté les héros et les dieux. Ils ont conté leurs aventures dans l'épopée, déploré leurs souffrances dans la tragédie. La musique est inséparable de cette poésie d'origine religieuse.

La tragédie

Née et développée à Athènes, dans le cadre du culte de Dionysos, dieu de la vigne, elle représente les malheurs des héros grecs.

Les instruments

On utilisait la **flûte** (double, au son proche du hautbois), la lyre (formée d'une carapace de tortue et de deux cornes, entre lesquelles on faisait résonner plusieurs cordes) et la cithare, dérivée de la lyre.

Apollon et les Muses

Apollon est le protecteur des poètes. Il est assisté dans ce rôle par les **Muses,** filles de Mémoire. «Musée» (leur sanctuaire) et «musique» leur doivent leur nom.

Femme jouant de la double flûte

Cortège dionysiaque

Une Muse

La musique

Les plus anciens poèmes qui nous sont parvenus, ceux des aèdes et de leurs successeurs, étaient soit chantés, soit récités avec un accompagnement musical, soit alternativement l'un ou l'autre. Il en sera de même pour certaines parties de la tragédie. Cette musique rythme l'évolution des processions et celle des chœurs. La musique est si importante que lors de certains jeux il y avait des épreuves musicales.

Le mont Parnasse, la montagne des Muses

Préparation d'un drame satyrique

Le drame satyrique
Drame à caractère bouffon, il rappelle le culte de **Dionysos** par la présence des satyres, mi-hommes, mi-boucs, escorte habituelle du dieu.

Les représentations
Seuls les hommes jouent. Au chœur, troupe qui chante et danse, s'opposent deux puis trois personnages. Un même acteur peut jouer plusieurs rôles.

« Puis chacun fait à l'autre le récit des épreuves qu'il a subies. »

Les masques
Masques et costumes permettent aux spectateurs d'identifier les personnages. Le masque, à bouche grande ouverte, sert aussi de porte-voix aux acteurs.

Masque

HOMÈRE ET L'*ODYSSÉE*

L'*ODYSSÉE*

Les aventures d'Ulysse sont le sujet de l'une des plus célèbres épopées européennes : l'*Odyssée* d'Homère. Cette épopée a été écrite au VIIIe siècle av. J.-C., un demi-siècle après l'*Iliade* du même auteur, qui raconte un épisode de la guerre de Troie. Ces deux œuvres ont probablement existé sous forme orale avant d'être fixées par écrit.

TRANSMISSION ORALE

Les épopées les plus anciennes ont d'abord été créées et diffusées oralement. En Grèce, ce fut le travail des aèdes. Mais ceux-ci ne pouvaient pas les réciter entièrement lors d'un banquet ou d'une cérémonie : l'*Iliade* compte plus de 15 000 vers, l'*Odyssée* plus de 11 000 ! L'aède ne chantait qu'un épisode à chaque fois. Plus tard les aèdes ont été remplacés par des conteurs itinérants. Comme dans toute littérature orale, des improvisations, des ajouts ont certainement transformé le texte initial.

TRANSMISSION ÉCRITE

L'écriture alphabétique apparaît en Grèce vers 800 av. J.-C. et l'*Odyssée* a été composée peu après. Mais le texte n'a été vraiment fixé qu'au VIe siècle av. J.-C. à Athènes. C'est dans cette œuvre que les jeunes Grecs apprenaient à lire : ils en connaissaient de longs passages par cœur !
Les poèmes nous ont été transmis grâce à des copies : papyrus antiques (de l'époque romaine) ou manuscrits du Moyen Âge.

Qui était Homère ?
L'auteur présumé de l'*Odyssée* est Homère. Né à Smyrne, il a sûrement vécu en Ionie (côte turque actuelle). C'était un aède qu'on a toujours représenté aveugle, à cause du personnage de Démodocos : c'est lui-même qu'Homère aurait peint sous les traits de l'aède phéacien. Sur tout cela, aucune certitude : on manque de documents probants !

Un seul Homère ?
En raison des différences de style entre l'*Iliade* et l'*Odyssée*, des spécialistes estiment qu'il est impossible qu'un seul et même homme ait pu écrire ces deux œuvres intégralement.

L'*ODYSSÉE* : RÉALITÉ OU FICTION ?

Pour les Grecs anciens, la guerre de Troie avait bien existé, dans un passé lointain : c'était le début de leur Histoire. Récemment encore, de nombreux savants croyaient à la valeur historique ou géographique des deux poèmes. Ce n'est plus le cas aujourd'hui : ce sont de très beaux récits, et c'est tout. Même la réalité de la guerre de Troie est sérieusement mise en doute !

Qu'est-ce qu'une épopée ?
C'est un long poème qui raconte les aventures extraordinaires d'un héros, bien supérieur (physiquement et moralement) aux autres hommes. Bref, un «super-héros». Les dieux eux-mêmes participent à ces aventures.

PARTI PRIS DE L'AUTEUR

L'*Odyssée* compte plus de 300 pages : première difficulté. Ce n'est pas la seule ! L'*Odyssée* ne raconte pas seulement les voyages d'Ulysse, mais aussi ceux de Télémaque, de Ménélas et de bien d'autres : nous avons choisi de suivre «les traces d'Ulysse», et d'Ulysse seul, en privilégiant l'aventure plutôt que les réalités domestiques ou politiques d'Ithaque. Par ailleurs, le style d'Homère a ses particularités (répétitions, comparaisons) qui peuvent devenir difficultés pour le jeune lecteur : sans les effacer totalement, nous les avons atténuées.

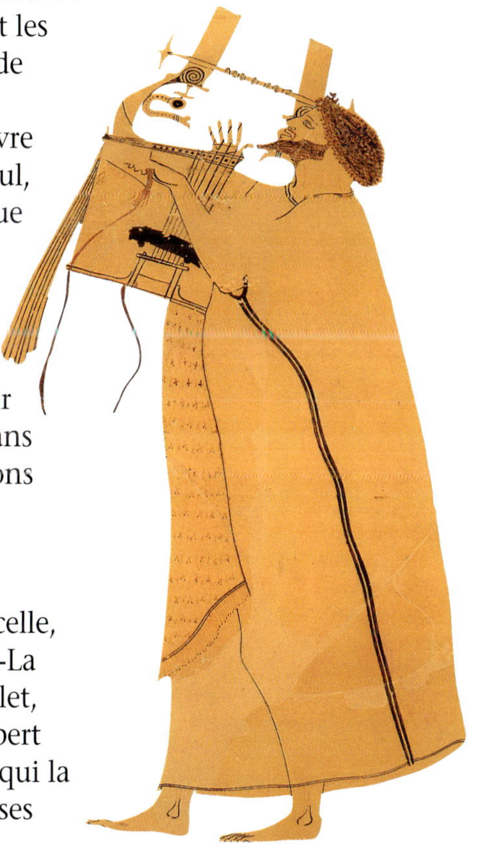

ÉDITIONS ACTUELLES

La traduction la plus poétique est celle, en vers, de Philippe Jacottet (Syros-La Découverte). Celle de Louis Bardollet, dans la collection «Bouquins» (Robert Laffont), est aisée à lire. Le dossier qui la complète fait état des dernières mises au point historiques et littéraires.

Crédits photographiques

h : haut b : bas d : droit g : gauche c : centre

3 casque de type phrygien, VIe siècle av. J.-C., bronze. Coll. particulière. © Arthephot/A. Baguzzi.

16 b : grande Athéna du Pirée, bronze. Coll. Musée archéologique du Pirée, Athènes. © Nimatallah/Artephot ; c : chouette en armes, Ve siècle av. J.-C. Coll. Louvres, Paris. © A. Held/Artephot ; g : Zeus de l'Artemision vers 460 av. J.-C., bronze. Coll. Musée archéologique national, Athènes. © Nimatallah/Artephot.

17 cg : le mont Olympe. © Yvan Travert/DIAF ; cb : Poséidon, 480-460 av. J.-C.. Coll. Musée archéologique national, Palerme. © Nimatallah/Artephot ; d : Hermès d'Herculanum. Coll. Musée national d'archéologie, Naples. © Nimatallah/Artephot.

28 procession pour Apollon. Coll. Musée archéologique, Ferrare. © A. Held/Artephot.

29 h : Pélicans, vol au-dessus du lac Kerkini, Grèce. © Gunther Michel/Bios ; b : scène de sacrifice à Apollon, vers 430 av. J.-C. Coll. Louvre, Paris. © RMN.

38 h : aurige, Tarquinia. Coll. Museo nazionale, Tarquinia. © Nimatallah/Artephot ; bd : coureur ou lutteur, bronze, 480-336 av. J.-C. Coll. Musée archéologique national, Naples. © Giraudon.

39 hd : Olympie, le stade. © Sime/DIAF ; hc : Olympie, temple de Zeus, gravure, 1865. © AKG, Paris ; hd : rameau d'olivier. © Patrick Léger/Gallimard ; c : jeune athlète se nettoyant après les exercices, Ve siècle av. J.-C. Coll. Antiken Museum, Berlin. © A. Held/Artephot ; d : scène de lutte, 324-323 av. J.-C. Coll. Louvre, Paris. © RMN.

50 h : plat à poissons, 330-320 av. J.-C. Coll. Dürr, Genève. © A. Held/Artephot ; b : quatre boulangers, fin VIe siècle av. J.-C. Coll. musée du Louvre. © Erich Lessing/AKG, Paris.

51 h : raisin. © P. Léger/Gallimard ; b : cueillette des olives, 520 av. J.-C. © Bridgeman, Art Library ; dh : oliveraie. © Daniel Thierry/DIAF ; db : chèvres sur l'île de Cos. © Giovanni Simeone/DIAF.

62 bd : grande amphore XIVe siècle av. J.-C. Coll. Musée archéologique, Thèbes. © Dagli-Orti ; cb : monnaies phéniciennes frappées en argent, vers 320-300 av. J.-C. Tunis, musée du Bardo ; c : «le voyage en mer de Dionysos», 550-510 av. J.-C. Coll. musée des Antiquités et glyptothèque, Munich. © AKG, Paris.

63 h : trière et neuf rameurs, fin Ve siècle av. J.-C. Coll. musée de l'Acropole, Athènes. © Dagli-Orti ; cd : port du Pirée, vue aérienne. © Guido Alberto Rossi/Altitude.

72 d : Aphrodite du type Génitrix, 1ere moitié du Ier siècle, terre cuite, Myrina. © RMN/H. Lewandowski ; c : pointes de lance, art grec. © Ekdotike Athenon/Artephot ; hd : Héra, 525 av. J.-C Coll. musée de Delphes. © Dagli-Orti ; c : scènes de la guerre de Troie, 675 av. J.-C., Mykonos. ©Artephot/Bapier.

73 c : Achille et Memnone. Coll. Musée archéologique national, Naples. © Nimatallah/Artephot; cd : scène de retrouvailles entre Ménélas et Hélène, 450-440 av. J.-C. Coll. Louvre, Paris. © RMN ; bd : la prise de Troie, 55 av. J.-C. Coll. musée archéologique, Ferrare. © A. Held/Artephot.

84 bd : le châtiment de Sisyphe 330 av. J.-C. Coll. musée des Antiquités et glyptothèque, Munich. © Erich Lessing/AKG ; c : les funérailles de Patrocle. Coll. Musée archéologique national, Naples. © Alinari/Giraudon.

85 hd : Charon dans sa barque ramant sur l'Achéron, vers 420 av. J.-C., . Coll. Louvre. © RMN ; cd : Mycènes, tombe du trésor d'Atrée. © Sime/DIAF.

96 carte : P. Poirier ; b : temple d'Athéna à Paestum. © Vaisse/Hoa-Qui ; c : monnaie grecque en argent, Marseille, IIe siècle av. J.-C. © A. Chené/centre Camille Jullian, Aix-en-Provence.

97 c : Mycènes, la porte des Lionnes. © David Ball/DIAF ; h : Athènes, l'Acropole. © Wojtek Buss/Hoa-Qui ; d : Éphèse, amphithéâtre. © Russel Kord/SDP ; b : Alexandrie, fouilles. © Stéphane Compoint/Sygma.

108 hd : femme à la fontaine, vers 525 av. J.-C. Coll. British Museum, Londres. © The Bridgeman Art Library ; d : Artémis, détail de la frise du Parthénon, marbre, 447-422 av. J.-C. Coll. musée Acropolis, Athènes. © Erich Lessing/AKG, Paris ; cb : lis. © P. Léger/Gallimard

109 ch : bas-relief, jeune femme rangeant des vêtements dans un coffre, 450 av. J.-C. Coll. musée national, Tarente. © Giraudon ; cd : femmes filant vers 430 av. J.-C. Coll. Louvre. © Erich Lessing/AKG, Paris ; b : bijoux grecs en or et pierres précieuses, IVe-IIIe siècle av. J.-C. Coll. British Museum, Londres. © The Bridgeman Art Library.

122 g : femme jouant de la double flûte, peintre de Brygos, vers 490 av. J.-C. © RMN/H. Lewandowski ; ch : ortège dionysiaque, vers 380 av. J.-C., vase de Paestum. © RMN/H. Lewandowski ; b : Apollon, Marsyas et les Muses, détail, IVe siècle av. J.-C. © RMN/H. Lewandowski.

123 c : préparation d'un drame satyrique : Dionysos et Ariane, 410 av. J.-C. Coll. musée national d'Art, Naples. © Artephot/A. Held ; hd : crête du mont Parnasse. © Loirat LY/Explorer ; bd : masque tragique, IVe siècle av. J.-C. © EDM.

124 Homère. © Bibliothèque nationale.

125 Amphore de type panathénaique : citharède, Louvre. © RMN/Ch. Larrieu.

Bibliographie

P. Bardi, *L'Antiquité : la Grèce et Rome,* Atlas de l'histoire, Nathan, 1999.

C. Estin, H. Laporte, *Le livre de la mythologie grecque et romaine,* Découverte Cadet, Gallimard-Jeunesse, 1987.

P. Lévêque, *La naissance de la Grèce*, Découverte, Gallimard, Paris, 1990.

P. Miquel, *Au temps de la Grèce ancienne,* Hachette Jeunesse, 1991.

A. Pearson, *Lumières de la Grèce*, Yeux de la découverte, Gallimard, 1992.

C. Pouzadoux, *Contes et légendes de la mythologie grecque*, Nathan, 1998.

J.-P. Ruffieux, *La jeunesse d'Achille,* L'école des loisirs, 2000.

Sites internet

Généraux

http://www.u-grenoble3.fr/stendhal/homerica/index.html#II

http://www2.ac-lyon.fr/enseigne/lettres/grecant.html

http://www.ac-versailles.fr/pedagogi/anti/vie0.htm

http://histgeo.free.fr/sixieme.html

Visiter le Louvre

http://www.louvre.fr/francais/visite/ager/ager_f.htm

http://www.louvre.fr/francais/collec/ager/ager_f.htm

Direction éditoriale : Maylis de Kerangal
Direction artistique : Elisabeth Cohat

SUR LES TRACES D'ULYSSE

Graphisme : Christine Régnier
Coordination éditoriale : Françoise Favez
Iconographie : Anaïck Bourhis